CM
cycle 3

Le XIXe siècle

Alain Dag'Naud

● **Le tour du monde en 80 jours**

● **Les aventures de Huckleberry Finn**

● **Émile Zola, écrivain-reporter**

● **Une bombe à l'Exposition universelle**

Notes de **Pascal Dupont**
Formateur
IUFM Midi-Pyrénées

hachette
ÉDUCATION

à Françoise,
vers des horizons nouveaux

PAPIER À BASE DE
FIBRES CERTIFIÉES

⊞ hachette s'engage pour
l'environnement en réduisant
l'empreinte carbone de ses livres.
Celle de cet exemplaire est de :
500 g éq. CO$_2$
Rendez-vous sur
www.hachette-durable.fr

ISBN : 978-2-01-117451-2

© Hachette Livre 2009, pour la présente édition
58 rue Jean Bleuzen, CS 70007, 92178 Vanves Cedex

www.hachette-education.com

AVANT-PROPOS

De l'histoire en littérature, pour quoi faire ?

Les apprentissages fondamentaux : **parler**, **lire**, **écrire** ne sauraient se résumer à des savoir-faire décontextualisés et vides de sens.

Ouvrir aux enfants la porte de l'histoire à travers la littérature, c'est les introduire dans des époques différentes afin de mieux connaître les grandes périodes historiques, les formes de pouvoirs qui s'y sont développées, les relations entre les divers groupes sociaux, les productions culturelles, artistiques et scientifiques.

À travers ces lectures, les élèves se constitueront une première **culture historique** donnant accès à d'autres dimensions que les seuls événements politiques.

Quelles œuvres choisir ?

Le bibliobus Hachette **historique** propose aux jeunes lecteurs des œuvres de fiction fondées sur de réels éléments historiques qui complètent la lecture des documents de l'époque. Elles visent à nourrir la réflexion collective des élèves, à faire naître des interrogations, à susciter des débats.

Une attention particulière est portée dans les textes au vocabulaire historique spécifique pour pouvoir le comprendre et le réutiliser de manière appropriée.

Devenir lecteur

On le sait depuis longtemps : il ne suffit pas d'avoir appris à lire pour devenir lecteur. **Le goût** et **le plaisir de lire** ne peuvent se développer qu'à partir de rencontres fréquentes avec les textes.

Il convient donc avant tout de lire beaucoup.

Les adultes accompagneront les enfants sur le chemin de la lecture en lisant eux-mêmes des textes à haute voix qui permettent de « raconter » l'histoire. Ils donneront ainsi aux enfants l'occasion de partager des émotions, de développer une première forme d'esprit critique tout en les guidant dans leur compréhension.

Pour éviter la mise en mémoire d'informations fragmentées, ils les aideront peu à peu à tisser des réseaux de significations entre différentes œuvres et différentes époques.

La littérature et l'histoire à l'école

L'école s'est fixé pour objectif de donner à chaque enfant les références culturelles nécessaires pour que le monde des hommes commence à prendre sens pour lui.

Dans le domaine de la **culture humaniste** : « L'**histoire** et la géographie donnent des repères communs, temporels et spatiaux, pour commencer à comprendre l'unité et la complexité du monde. Elles développent chez les élèves curiosité, sens de l'observation et esprit critique[1]. »

Dans le domaine de la **littérature** : « Le programme de littérature vise à donner à chaque élève un répertoire de références appropriées à son âge, puisées dans le patrimoine et dans la littérature de jeunesse d'hier et d'aujourd'hui ; il participe ainsi à la constitution d'une culture littéraire commune[2]. »

Il appartient aux éducateurs : enseignants, parents, médiateurs du livre, de relayer cette ambition.

Pascal Dupont

1 et 2 : *Les programmes de l'école primaire*, B. O. E. N., 19 juin 2008.

Alain Dag'Naud

Le Tour du monde en 80 jours

d'après Jules Verne

Illustré par Christine Circosta

Colonisation anglaise *(Canada, Australie, Inde)*

Essor de la colonisation

Colonisation française *(Algérie, Sénégal, Cochinchine…)*

1858
Premier paquebot
géant à vapeur
(Great Eastern)

1896
Premier
vol d'un
avion

1814
Première locomotive
à vapeur par
George Stephenson

1838
Invention du
télégraphe électrique
et du code morse

1869
Inauguration du
canal de Suez

1810   1820   1830   1840   1850   1860   1870   1880   1890

Essor du chemin de fer

Phileas Fogg et Passepartout

Nous sommes le mercredi 2 octobre 1872 au numéro 7 de la rue Saville Row à Londres. La maison est habitée par un nommé Phileas Fogg, un Anglais un peu excentrique. Il est grand et mince, blond de cheveux, impeccablement vêtu. Phileas Fogg est très riche, mais personne jamais ne l'a vu à la Bourse ou à la tête d'une entreprise. Il est riche mais ne travaille pas. Il n'a ni femme ni enfants ; on ne lui connaît ni parents ni amis. Il vit seul dans sa maison avec un domestique. Son unique occupation est d'aller chaque jour à son club, le très chic Reform Club. Il y prend ses repas, toujours à la même table et à la même heure. Il ne parle pas, ou juste ce qu'il faut. Il se contente de lire les journaux. Il ne rentre chez lui que pour se coucher, à minuit précis.

Ce mercredi 2 octobre, il vient de se séparer de son domestique qui avait préparé l'eau de son bain à 27° au lieu des 29° exigés. Il attend tranquillement un autre serviteur qui doit se présenter à onze heures quinze. Quand sonne le carillon

excentrique :
qui ne fait rien comme tout le monde, bizarre

impeccablement :
d'une manière parfaite

exigé :
imposé absolument

ébouriffé :
complètement
décoiffé

un funambule :
un acrobate qui
marche sur une
corde suspendue
au-dessus du sol

un gentleman :
homme bien élevé
qui se conduit avec
élégance

une existence :
une vie

vagabond :
sans lieu
d'habitation fixe

de l'horloge, un garçon aux cheveux ébouriffés se présente à la porte :

« Bonjour, monsieur. Je m'appelle Jean Passepartout. Je suis français. J'ai été chanteur de rue à Paris, j'ai travaillé dans un cirque comme funambule et j'ai dansé sur une corde. En dernier lieu, j'ai été pompier puis valet. Voilà cinq ans que j'ai quitté la France. Je veux être votre domestique.

– Vous m'avez été recommandé, répond le gentleman. Vous me convenez. À partir de ce moment, onze heures vingt-neuf du matin, ce mercredi 2 octobre 1872, vous êtes à mon service. Voici un papier qui vous indique ce qu'il faut faire. »

Ayant dit cela, Phileas Fogg prend son chapeau, le place sur sa tête et, sans ajouter une parole, sort pour se rendre à son club.

« Voilà un bonhomme bien curieux », se dit Passepartout qui secoue sa bonne tête ronde. Ses yeux bleus regardent autour de lui. Il passe sa main dans ses cheveux bruns en désordre. On lui a dit que M. Fogg a une existence régulière, qu'il ne voyage pas, qu'il ne s'absente jamais. Passepartout, qui a vécu une jeunesse vagabonde, souhaite désormais demeurer tranquille. Il se dit que cette place de valet lui convient. Il regarde la feuille que lui a remise son nouveau maître :

« Me réveiller à huit heures du matin. Servir le

petit déjeuner à huit heures vingt-trois. Préparer l'eau du bain pour neuf heures trente-sept à 29°... »

Du lever jusqu'à minuit, heure du coucher, tout est prévu, noté, chronométré.

chronométré : prévu à la minute près

Passepartout entreprend ensuite de visiter la maison. Tout y est propre et bien rangé. Il sent qu'il va s'y plaire.

9

Un pari fou

Phileas Fogg marche d'un pas précis. Il est onze heures et demie. Le temps est doux pour la saison, il n'y a pas ce fameux brouillard qui empêche de rien voir dans la rue. Il arrive à son club et se rend aussitôt à la salle à manger aux murs recouverts de riches tentures rouges. Il prend place à sa table habituelle. Au menu : une entrée, un plat de poisson, un roastbeef, un morceau de fromage et un gâteau à la rhubarbe. À midi quarante-sept, Phileas se lève et se dirige vers le grand salon.

Il s'assied dans un profond fauteuil de cuir. Un domestique vient aussitôt lui remettre ses journaux. À six heures dix, cinq membres du club font leur entrée dans le salon et s'approchent de la cheminée où brûle un bon feu. L'un d'eux est un ingénieur, un autre un industriel qui fabrique de la bière, deux sont des banquiers, le dernier, Gauthier Ralph, est un haut responsable de la Banque d'Angleterre.

« Eh bien, Ralph, demande l'industriel, où en est cette affaire de vol ?

– Nous ne savons toujours pas, répond le financier, quel est l'individu qui nous a volé il y a trois jours une énorme somme à la Banque nationale d'Angleterre. Un homme bien habillé, l'air distingué, a été repéré dans la salle où le vol a eu lieu. Son portrait-robot a été établi. Il a été remis à des détectives, choisis parmi les plus habiles ; ils ont été envoyés dans les principaux ports du monde. Celui qui mettra la main sur le voleur touchera une forte prime.

un portrait-robot : description d'une personne réalisée d'après des témoignages

— Je soutiens, dit l'industriel, que les chances sont en faveur du voleur. La terre est vaste, il pourra s'y cacher.

une prime : une récompense

— Elle l'était autrefois, affirme le financier. Aujourd'hui, on la parcourt dix fois plus vite qu'il y a cent ans, ce qui rendra les recherches plus rapides.

— Et rendra plus facile aussi la fuite du voleur, réplique l'ingénieur. On fait maintenant le tour de la terre en quatre-vingt-dix jours. »

Une voix s'élève alors. C'est Phileas Fogg qui parle :

« En quatre-vingts jours seulement.

— Je parierais bien qu'un tel voyage est impossible, s'écrie l'un des banquiers.

parier : affirmer quelque chose en étant sûr d'avoir raison

— Très possible, au contraire, répond M. Fogg.

— Eh bien faites-le donc !

— Je le veux bien.

— Quand ?

— Tout de suite, dit M. Fogg. J'ai beaucoup d'argent en banque. Je parie tout ce que j'ai, contre qui voudra, que je ferai le tour de la terre en quatre-vingts jours.

– Un train part à huit heures quarante-cinq ce soir, remarque l'ingénieur sur un ton amusé.

– Je le prendrai, rétorque Fogg.

– Ce soir même ? demande le financier.

– Ce soir même. Puisque c'est aujourd'hui mercredi 2 octobre, je serai de retour à Londres, dans ce salon même, le samedi 21 décembre à huit heures quarante-cinq du soir. »

amusé :
moqueur

rétorquer :
répondre
du tac au tac

Un départ au pied levé

À sept heures vingt-cinq, Phileas Fogg prend congé et quitte le Reform Club. À sept heures cinquante, il ouvre la porte de sa maison et rentre chez lui. Il appelle Passepartout.

« Nous partons dans dix minutes. »

Passepartout fait une grimace de surprise.

« Monsieur se déplace ? demande-t-il.

– Oui, répond Phileas Fogg. Nous allons faire le tour du monde. »

Passepartout, bouche bée, l'œil démesurément ouvert, est stupéfait :

« Le tour du monde !

– En quatre-vingts jours, répond M. Fogg. Ainsi, nous n'avons pas un instant à perdre.

– Mais les malles ? s'enquiert Passepartout.

– Pas de malles. Un sac seulement. Dedans, deux chemises de laine, trois paires de bas. Autant pour vous. Nous achèterons le reste en route. Ayez de bonnes chaussures. Allez. »

Passepartout quitte la pièce et s'exclame :

« Ah ! Bien, elle est forte, celle-là ! Moi qui voulais rester tranquille ! »

À huit heures tout est prêt. M. Fogg porte sous le bras le guide général des horaires des trains et bateaux.

au pied levé : sans aucune préparation

prendre congé : dire au revoir

bouche bée : être si étonné que l'on reste sans réaction

s'enquérir : demander

une malle : grand coffre en bois ou en osier que l'on emporte en voyage

elle est forte celle-là : c'est incroyable *(langage familier)*

une liasse de billets :
un paquet de billets attachés ensemble

éberlué :
stupéfait

un cab :
voiture tirée par un cheval où le cocher est assis sur un siège élevé

une aumône :
ce qu'on donne au pauvre

un panache :
qui a la forme d'un assemblage de plumes

« Vous n'avez rien oublié ? demande-t-il.

– Rien, monsieur. »

Il prend le sac des mains de Passepartout, l'ouvre et y glisse trois énormes liasses de billets.

« Bien, prenez ce sac. Ayez-en soin. »

Passepartout est éberlué.

Tous deux sortent. Ils montent dans un cab. À huit heures vingt, ils arrivent à la gare de Charing Cross. M. Fogg paye le cocher. À ce moment, une mendiante, pieds nus, un pauvre châle sur les épaules, s'approche et lui demande l'aumône.

M. Fogg tire de sa poche trois gros billets de banque et les offre à la mendiante.

« Tenez, ma brave femme, dit-il, je suis content de vous avoir rencontrée ! »

Puis il passe son chemin.

À huit heures quarante, après avoir pris deux billets de première classe pour Paris, Phileas Fogg et Passepartout prennent place dans un compartiment. Les sièges, très confortables, sont garnis de velours rouge. À huit heures quarante-cinq, un coup de sifflet retentit. Les énormes roues de la locomotive patinent un instant sur les rails, puis dans un panache de fumée, le train s'élance.

Mandat d'arrêt

Le train arrive au port de Douvres. Un navire est là, prêt à partir pour la France. Nos amis embarquent aussitôt. La mer est calme. Ils arrivent sans encombre au port de Calais, sautent dans un train et les voici à Paris le jeudi 3 octobre à sept heures vingt du matin. Ils n'ont pas le temps de visiter la capitale, au grand regret de Passepartout. Ils prennent un fiacre à la gare du Nord, direction gare de Lyon. À huit heures quarante, ils montent dans le train qui les mène à toute vapeur vers l'Italie. Ils franchissent les Alpes, traversent toute la péninsule et parviennent au port de Brindisi le samedi 5 octobre à quatre heures du soir. Moins d'une heure plus tard, ils sont à bord du paquebot le *Mongolia* à destination des Indes.

Le *Mongolia* est un magnifique bateau en fer qui fonctionne non seulement avec des voiles, mais à la force de la vapeur qui actionne des hélices. Il peut donc naviguer beaucoup plus vite que les traditionnels voiliers. Il va passer par le canal nouvellement creusé par l'ingénieur français Ferdinand de Lesseps. Ce canal sépare désormais l'Afrique de l'Asie. Il permet d'éviter aux navires de contourner le cap de Bonne-Espérance. Le temps du voyage s'en trouve abrégé de moitié.

sans encombre : sans aucune difficulté

un fiacre : voiture tirée par des chevaux, qui servait de taxi

la péninsule : pays que la mer entoure de tous côtés sauf un, ici l'Italie

le canal nouvellement creusé : le canal de Suez de 161 km de long

contourner : faire le tour

abrégé : diminué

Le *Mongolia* est attendu à Suez le mercredi
9 octobre pour onze heures du matin. Il doit y rechar-
ger en charbon qui fait tourner les machines. À
l'heure dite, des coups de sifflet annoncent l'arrivée du paquebot. La gigantesque coque apparaît.
Une foule de porteurs se presse sur le quai.

se presser :
se trouver en grand
nombre

Au pied de la passerelle par laquelle descenden maintenant les passagers, se tient un petit homme maigre et nerveux. Il se nomme Fix. C'est l'un des détectives anglais envoyés dans les différents ports du monde à la recherche du voleur de la Banque d'Angleterre. Il a en main une feuille sur laquelle est dessiné le portrait-robot du suspect. Il observe chaque passager. Tout à coup il tressaute. Cet Anglais élégant accompagné d'un jeune homme, sans doute son domestique, ressemble trait pour trait au portrait-robot. Fix demande au commandant le nom de ce passager.

« Monsieur Phileas Fogg », répond celui-ci.

Fix se précipite au bureau du consul anglais.

« Monsieur le consul, dit-il, je soupçonne un passager d'être le voleur tant recherché.

– En êtes-vous bien sûr ?

– Je vous dis qu'il ressemble au portrait-robot. Permettez que j'utilise votre télégraphe pour envoyer une dépêche à Londres. Je vais demander à Scotland Yard un mandat d'arrestation de ce M. Phileas Fogg.

– Mais le bateau doit repartir dans moins d'une heure.

– Alors j'embarquerai sur le *Mongolia*. Faites adresser le mandat d'arrêt à Bombay. Je vais filer ce M. Fogg jusqu'en Inde. Là, dans cette terre anglaise, mon mandat en main, je l'arrêterai. »

un suspect :
la personne que l'on soupçonne d'avoir commis un délit

un consul :
le représentant d'un pays dans un pays étranger

un télégraphe :
système de transmission à distance de messages

un mandat d'arrestation :
ordre écrit d'un juge pour conduire une personne en prison

filer :
suivre en cachette

En Inde

La traversée de la mer Rouge est rendue difficile par la houle de travers qui fait tanguer le navire. Mais fidèle à son habitude, M. Fogg reste impassible, pas du tout anxieux. Aucun incident ne paraît devoir le surprendre. Poussé par le commandant, le *Mongolia*, qui ne devait arriver que le 22 octobre à Bombay, accoste le 20 à quatre heures et demie du soir. Phileas Fogg est satisfait. Depuis son départ de Londres, il a gagné deux jours sur son itinéraire. Grâce au chemin de fer tout récent qui traverse l'Inde dans toute sa largeur, il pense atteindre Calcutta dans trois jours. Le train pour Calcutta part à huit heures précises. Fogg quitte le paquebot. Il donne à Passepartout une liste d'emplettes à faire, lui recommandant de se trouver avant huit heures à la gare. Lui-même se rend tranquillement à la station.

De son côté, l'inspecteur Fix, à peine débarqué, court chez le directeur de la police de Bombay.

« A-t-on reçu de Londres un ordre d'arrestation contre le sieur Fogg ?

– Non, monsieur. »

Fix est désemparé.

« Faites-le quand même arrêter », exige-t-il.

Mais le directeur refuse. Fix décide de poursuivre sa filature jusqu'à Calcutta.

la houle : mouvement de la mer lorsqu'elle est très agitée

tanguer : se balancer d'avant en arrière

impassible : qui ne montre aucune émotion

anxieux : inquiet

accoster : venir se ranger à côté du quai

des emplettes : des achats

être désemparé : ne plus savoir que faire

19

une pagode :
un temple où l'on adore les divinités en Inde

rigoureusement :
absolument

rouer de coups :
frapper quelqu'un à coups redoublés

empêtré :
gêné par quelque chose qui empêche les mouvements

distancer :
laisser derrière soi

Pendant ce temps, Passepartout fait ses achats Il en profite pour visiter la ville. Quand il passe devant une admirable pagode, il a l'idée d'y entrer Mais il ne sait pas qu'il est rigoureusemen interdit d'y pénétrer sans avoir laissé ses chaussures à la porte. Passepartout, sans penser à mal, se promène dans la pagode, admirant les murs couverts d'or. Il est soudain renversé à terre par trois prêtres en fureur qui lui arrachent ses souliers e commencent à le rouer de coups. Le Français vigoureux et agile, parvient à se relever. D'un coup de poing et d'un coup de pied, il renverse deux de ses adversaires empêtrés dans leurs longues robes. Puis il s'élance hors de la pagode de toute la vitesse de ses jambes. Il a bientôt distancé le troisième Hindou. À huit heures moins cinq, quelques minutes seulement avant le départ du train, pieds nus, ayant perdu dans la bagarre le paquet contenant ses emplettes, Passepartout arrive à la gare. Il rejoint son maître qui l'attend sur le quai. Aux excuses du jeune homme, Phileas Fogg répond simplement :
« J'espère que cela ne vous arrivera plus. »
Puis ils prennent place dans un des wagons. À ce moment, la locomotive lance un vigoureux sifflet et le train part dans la nuit.

À dos d'éléphant

Passepartout occupe le même compartiment que son maître. Un troisième voyageur se trouve placé dans le coin opposé. C'est le colonel Francis Cromarty, qui rejoint son régiment. Sir Francis Cromarty est grand et blond. Il est âgé de cinquante ans environ. Il échange quelques mots avec ses compagnons. Passepartout en profite pour raconter son aventure.

« Vous risquiez une fort mauvaise affaire, remarque le colonel. Le gouvernement exige que l'on respecte les coutumes locales. Si vous aviez été pris, vous risquiez la prison. »

Puis le silence se fait. Passepartout regarde émerveillé les paysages, les plantations de cotonniers et de caféiers. Puis dans la nuit s'étend la jungle où ne manquent ni les serpents ni les tigres qu'épouvantent les sifflements du train.

À huit heures du matin, le train s'arrête en plein milieu d'une vaste clairière. Le conducteur descend et annonce :

« Les voyageurs descendent ici. »

Passepartout, surpris comme ses compagnons, saute sur la voie et revient presque aussitôt.

« Monsieur, plus de chemin de fer ! »

Le colonel descend de wagon, suivi de Phileas Fogg. Tous deux s'adressent au conducteur.

un régiment :
une unité militaire composée de plusieurs bataillons

une mauvaise affaire :
se trouver dans une situation très difficile

les coutumes locales :
la façon de vivre dans un pays

« Nous nous arrêtons ici ?

– Sans doute. Le chemin de fer n'est pas achevé.

– Les journaux ont pourtant annoncé l'ouverture complète de la ligne !

– Que voulez-vous, mon officier, les journaux se sont trompés.

aviser :
décider après
réflexion

– Sir Francis, dit tranquillement M. Fogg, nous allons, si vous le voulez bien, aviser au moyen de poursuivre notre voyage. »

Passepartout a eu le temps de faire un tour.

« Monsieur, dit-il, je crois que j'ai trouvé un moyen de transport.

– Lequel ?

– Un éléphant ! Un éléphant qui appartient à un Indien logé à cent pas d'ici.

– Allons voir l'éléphant », répond M. Fogg.

Cinq minutes plus tard, Phileas Fogg a acheté l'éléphant. L'animal s'appelle Kiouni. Un guide se propose d'accompagner les voyageurs. Une housse est installée sur le dos de l'animal ; de chaque côté sur ses flancs sont disposées deux

une nacelle :
grand panier
en osier dans lequel
peut prendre place
un passager

nacelles. Cromarty et Fogg prennent place chacun dans une nacelle. Passepartout s'installe à califourchon entre les deux. Le guide se juche sur le cou de l'éléphant.

se jucher :
se percher

À neuf heures, l'animal et ses passagers s'enfoncent dans une épaisse forêt.

L'audace de Passepartout

Phileas Fogg et ses compagnons sont vigoureusement secoués deux jours durant par le trot de l'éléphant qui avance à une allure rapide. Soudain, alors que tout se passait bien, Kiouni donne des signes d'inquiétude et s'arrête soudain.

« Qu'y a-t-il ? demande Sir Cromarty.

– Je ne sais, mon officier », répond le guide qui prête l'oreille à un murmure confus.

Quelques instants après, le bruit enfle. Le guide saute à terre, tire l'éléphant derrière un sous-bois touffu et recommande aux voyageurs de ne pas faire de bruit : « C'est une procession qui vient de ce côté. S'il est possible, évitons d'être vus. »

Bientôt, à travers les branches, chacun distingue un curieux cortège. En première ligne, s'avancent des hommes aux robes de vives couleurs. Ils sont suivis par des femmes et des enfants qui chantent des mélodies funèbres au son des cymbales. Derrière, des gardes portent un palanquin sur lequel repose la dépouille d'un vieillard revêtu de ses habits de maharadjah : un turban brodé de perles, une robe de soie et d'or, une ceinture sertie de diamants. Tout près, des gardes armés de sabres entraînent une femme jeune, vêtue d'une légère tunique lamée d'or.

---

une allure :
une vitesse

confus :
que l'on a du mal à distinguer

enfler :
s'amplifier, devenir plus fort

des mélodies funèbres :
airs chantés à l'occasion d'un enterrement

des cymbales :
instrument de percussion composé de deux disques de métal que l'on frappe l'un contre l'autre

un palanquin :
litière portée à bras d'hommes

la dépouille :
le corps

un maharadjah :
Titre donné aux princes en Inde

lamé d'or :
tissu entremêlé de fils d'or

La procession s'éloigne enfin. Le guide explique :

« Cette femme que vous venez de voir sera incinérée avec son mari défunt, demain aux premières heures du jour.

– Comment cela ? demande M. Fogg.

– La coutume, en cette contrée, est que lorsque meurt le mari, la femme le suive dans l'au-delà », explique le guide.

M. Fogg s'adresse à ses compagnons :

« Si nous sauvions cette femme ? »

Cromarty, Passepartout et le guide sont d'accord. Vers six heures du soir, profitant de l'obscurité qui tombe, les quatre hommes rampent sous les feuillages. Ils arrivent au bord d'une petite rivière. Ils aperçoivent un monceau de bois empilé. C'est le bûcher. À son sommet, repose déjà le prince défunt.

« Venez ! » dit le guide à voix basse.

Redoublant de précautions, ils se glissent à travers les hautes herbes. Bientôt apparaît un temple. C'est là qu'est enfermée la jeune femme. Mais des gardes veillent aux portes, le sabre à la main.

« Attendons, décide le colonel, il n'est que huit heures encore, et il est possible que ces gardes s'assoupissent. »

la procession : défilé religieux

incinéré : brûlé

défunt : mort

l'au-delà : ce qui est après la mort

un monceau : un gros tas

s'assoupir : s'endormir peu à peu

prostré :
abattu, effondré

inerte :
sans mouvement

Le temps paraît long. À minuit, la situation n'a pas changé. Les heures s'écoulent et bientôt des couleurs moins sombres annoncent l'approche du jour. Autour de la pagode, des groupes s'agitent. Les portes s'ouvrent. Deux soldats traînent leur prisonnière au-dehors. Elle paraît prostrée, sans doute sous l'effet d'une drogue. La procession se met en marche. Fogg et ses compagnons suivent la foule à distance. Quelques minutes plus tard, ils arrivent en vue du bûcher sur lequel est couché le corps du rajah. Dans la demi-obscurité, ils voient la jeune femme inerte que l'on étend auprès de son époux. Puis une torche est approchée et le bois s'enflamme.

À ce moment, un cri de terreur s'élève. Toute la foule se précipite face contre terre, épouvantée. Le maharadjah vient de se redresser. Il soulève sa jeune femme dans ses bras. Il descend du bûcher. Il se dirige droit vers M. Fogg et ses amis.

Il arrive près d'eux et leur dit :
« Filons… »
C'est Passepartout qui a faussé compagnie à ses amis dans la nuit.

fausser compagnie : quitter sans prévenir

« Je suis allé au bûcher qui n'était pas gardé. J'ai ôté le corps du rajah. J'ai revêtu ses vêtements et attendu le moment propice pour sauver la jeune femme. »

propice : favorable

Un instant après ces brèves explications de Passepartout, nos amis disparaissent dans la forêt où l'éléphant les emporte d'un trot rapide.

À sept heures du matin, le guide fait halte. La jeune Indienne est toujours à moitié endormie. Cromarty lui fait boire quelques gouttes d'alcool. Elle s'anime. Elle remercie ses sauveurs et leur dit qu'elle se nomme Aouda.

« Vous ne pouvez plus rester en Inde. Venez avec nous », lui propose M. Fogg. Et l'on repart. Vers dix heures, le guide annonce la station où reprend la ligne de chemin de fer. M. Fogg remercie le guide, lui règle son salaire et lui dit :

« Tu as été serviable et dévoué. Veux-tu cet éléphant ? Il est à toi. »
Le guide hésite.

« Accepte, lui dit M. Fogg, et c'est moi qui serai encore ton débiteur. » L'éléphant fait alors entendre des grognements de satisfaction et le guide, tout joyeux, s'en repart avec Kiouni.

un débiteur : personne qui doit quelque chose à une autre

La grande traversée

Sir Cromarty reste sur place. Il doit rejoindre sa garnison. Nos amis le quittent avec tristesse. Quelques instants plus tard, ils sont installés dans un train qui les mène à toute vapeur vers l'est. À sept heures du matin le lendemain, ils arrivent à Calcutta. Le paquebot pour la Chine lève l'ancre à midi. Tout le monde est à bord à l'heure dite.

La navigation dans le golfe du Bengale et en mer de Chine est périlleuse. Entre la Chine et le Japon, un typhon venu du sud manque faire chavirer le navire. Des vagues monstrueuses, telles des montagnes d'eau, se dressent à l'arrière du bateau et menacent de l'engloutir. Mais le capitaine est un fin marin. Il a fait fermer tous les accès pour que l'eau ne pénètre pas dans la coque. Par d'habiles coups de barre, il évite les lames les plus dangereuses. La tempête dure toute une nuit, terrible. Enfin elle se calme. Avec un jour de retard, les voyageurs arrivent à destination. M. Fogg, Mme Aouda et Passepartout, suivis par l'opiniâtre Fix, embarquent aussitôt à bord d'un autre paquebot, le *General Grant*, à destination de San Francisco. M. Fogg a compté vingt et un jours pour franchir le Pacifique. Ils n'en passent que vingt. Ils arrivent sans encombre à destination

un typhon :
une violente tempête

fin :
habile

une lame :
une énorme vague

opiniâtre :
persévérant, qui ne lâche pas prise

le 3 décembre à sept heures du matin. Pour l'instant, M. Fogg n'a encore gagné ni perdu un seul jour sur son programme.

Aussitôt débarqué, M. Fogg s'informe de l'heure à laquelle part le premier train pour New York. C'est à six heures du soir. Nos amis profitent de leur temps libre pour visiter la ville aux maisons basses alignées le long de larges rues où circulent des tramways. À six heures, ils sont dans leur wagon. Fix est encore là. Pour traverser les États-Unis, il fallait autrefois six mois. Maintenant, grâce au train d'océan à océan, on met seulement sept jours. Une heure après le départ, la neige tombe, une neige fine et continue. La voie par moments s'accroche aux flancs des montagnes, au-dessus des précipices. À d'autres moments, elle traverse d'interminables prairies où courent des troupeaux de bisons.

En trois jours et trois nuits, une belle distance a été franchie. Quand soudain, des cris sauvages retentissent. Des détonations les accompagnent. Le convoi est attaqué par une bande de Sioux munis de fusils. Le seul espoir est d'arrêter le train près d'un fort occupé par la cavalerie américaine. Mais des Indiens sont montés dans la locomotive et ont assommé le chauffeur à coups de casse-tête.

un tramway : chemin de fer qui circule dans les villes

d'océan à océan : de l'océan Pacifique à l'océan Atlantique

un précipice : gouffre profond dont les parois sont à pic

les Sioux : tribu indienne qui résista longtemps à l'armée américaine

un casse-tête : une massue

Maintenant, la machine court à une vitesse effroyable. Si elle dépasse le fort, c'en est fini. Passepartout s'écrie :

« Laissez-moi faire. »

se faufiler :
se glisser
adroitement

Il sort par une portière sans être vu. Il se faufile sous le wagon, rampe d'une voiture à l'autre et gagne l'avant du train. Là, il décroche la chaîne de sûreté et la barre d'attelage qui relie à la locomotive. Celle-ci s'éloigne. Le train perd de la vitesse et s'arrête à moins de cent pas du fort.

décamper :
fuir rapidement

Les Sioux n'ont pas attendu l'arrêt du train ; ils ont décampé. Les voyageurs sont sauvés.

Des solutions de fortune

Le train est hors d'usage. Il faut pourtant que Fogg soit à New York le 11 décembre avant neuf heures du soir, heure du départ du paquebot pour l'Angleterre. Il avise alors un curieux véhicule. C'est une sorte de traîneau au milieu duquel se dresse un mât portant une voile. À l'arrière, il y a un gouvernail. Fogg s'adresse à l'homme qui doit en être le propriétaire.

« Pouvez-vous nous emmener vers l'est aussi vite que possible.

– Mon traîneau est le plus rapide des États-Unis. Cinq ou six personnes peuvent y prendre place », répond l'homme.

Le marché est conclu. Les passagers y montent. L'inspecteur Fix demande à venir avec eux.

Quelle traversée ! Les voyageurs, pressés les uns contre les autres, ne peuvent se parler. Le froid leur couperait la parole. La brise souffle dans la bonne direction et il semble que le traîneau glisse au-dessus du sol enneigé, comme enlevé par sa voile. Fogg a promis une forte prime si l'équipage parvient à la prochaine gare dans le délai convenu. Ils arrivent à une station de chemin de fer. Un train est prêt à partir. Phileas Fogg règle le conducteur du traîneau. Nos amis n'ont que le temps de se précipiter dans un wagon. Hélas,

hors d'usage : qui ne peut plus servir

aviser : apercevoir

un gouvernail : pièce qui permet de diriger le traîneau comme un bateau

la brise : vent doux et frais

régler : payer

appareiller:
lever l'ancre pour
sortir du port

quand ils arrivent à New York, le bateau vers
l'Angleterre a appareillé depuis quarante-cinq
minutes.

Passepartout et Mme Aouda sont anéantis. Mais
Fogg garde son calme. Il avise un navire de com-
merce à hélice, l'*Henrietta*, dont la cheminée
laisse échapper de gros tourbillons de fumée. Il
monte à bord et fait demander le capitaine. C'est
un homme de cinquante ans, un vrai loup de
mer.

un loup de mer:
un marin qui a
beaucoup navigué

« Le capitaine ?
– C'est moi, Andrew Speedy.
– Vous allez partir ?
– Dans une heure, pour la France, répond le ca-
pitaine.
– Je vous loue votre bateau à n'importe quel
prix si vous m'emmenez en Angleterre, propose
Fogg.
– N'importe quel prix ? s'étonne le capitaine.
– N'importe quel prix ! réplique Fogg. Affaire
entendue. »
Dans les premiers jours, la navigation se passe
dans de bonnes conditions. Mais le 18 décembre,
le baromètre descend et le vent devient contraire.
Le mécanicien monte sur le pont. Il dit au capi-
taine et à M. Fogg :
« Le charbon va nous manquer. »

baromètre:
instrument qui
mesure la pression
atmosphérique et
permet de prévoir
le temps

Fogg se tourne vers le capitaine.

« Je vous prie de me vendre votre navire.

– Non, par tous les diables, non. Un navire qui vaut cinquante mille dollars !

– En voici soixante mille », répond Phileas Fogg.

C'est une affaire en or. Le capitaine accepte.

une affaire en or :
une très bonne affaire

« Maintenant, ce navire m'appartient », dit Fogg. Il ordonne à l'équipage de démolir tous les équipements de bois et de les faire brûler dans la chaudière.

Lorsque le 20 décembre à dix heures du soir, on aperçoit les côtes anglaises, l'*Henrietta* n'est plus qu'une coque vide et nue.

Pari gagné

Fogg, accompagné de Mme Aouda et de Passe-partout, débarque au port de Liverpool le 21 décembre à midi moins vingt. Il est à six heures de Londres. Il peut encore gagner son pari. Mais à ce moment, Fix s'approche, lui met la main sur l'épaule et lui dit :

« Vous êtes le sieur Phileas Fogg ? Au nom de la reine, je vous arrête ! »

Phileas Fogg est conduit en prison. Mme Aouda et Passepartout attendent dehors, dans le froid.

À deux heures trente-trois, la porte de la cellule de Fogg s'ouvre. Fix est hors d'haleine.

« Monsieur, balbutie-t-il, monsieur, pardon. Il s'agissait d'une ressemblance déplorable. Le voleur a été arrêté depuis trois jours. Vous… vous êtes libre ! »

Phileas Fogg, sans perdre son calme, le regarde longuement et, avec précision, lui envoie un grand coup de poing dans la figure.

Il est deux heures quarante. Le train de Londres est parti depuis trente-cinq minutes. Fogg loue un train spécial, mais lorsque celui-ci arrive à Londres, il est neuf heures moins dix. Après avoir accompli ce voyage autour du monde, Fogg arrive avec cinq minutes de retard. Il a perdu.

déplorable : malheureuse, vraiment regrettable

34

Phileas Fogg, accompagné de Passepartout et de Mme Aouda, regagne sa maison. Il demande à Passepartout de préparer une chambre pour la jeune femme. Puis il va se coucher.

La nuit se passe.

Le lendemain, Phileas Fogg ne va pas à son club. Vers sept heures et demie du soir, M. Fogg demande à Mme Aouda de venir le voir.

« Madame, me pardonnerez-vous de vous avoir amenée en Angleterre ?

– Monsieur Fogg, dit alors la jeune femme, voulez-vous de moi pour votre femme ? »

À cette parole, Fogg se lève. Il ferme les yeux un instant.

« Mais je suis ruiné.

– Je vous aime ! » répond simplement la jeune femme.

être ruiné :
ne plus avoir du tout d'argent

« Passepartout ! Passepartout ! » Fogg appelle son valet. « Il n'est que huit heures cinq. Allez prévenir le pasteur qu'il nous marie demain lundi. »

Passepartout s'en va. À huit heures trente-cinq, il ressort en courant de la maison du pasteur. Il arrive hors d'haleine à la maison de Saville Row.

« Mon maître, dit-il, le mariage est impossible, parce que demain, c'est dimanche.

– Lundi, répond Fogg.

un pasteur :
celui qui dirige le culte chez les protestants

35

– Vous vous êtes trompé d'un jour ! Car nous avons fait le tour du monde en allant vers le soleil levant. Nous avons gagné un jour. Mais il ne reste que dix minutes ! »

Au Reform Club, c'est l'attente. Il y a foule jusque dans les rues avoisinantes.

« Il est huit heures quarante, dit l'administrateur de la Banque d'Angleterre. Il ne lui reste que cinq minutes. Il a perdu. »

À huit heures quarante-quatre et cinquante-cinq secondes, on entend comme un tonnerre au-dehors, des applaudissements, des hourras. À la cinquante-septième seconde, la porte du salon s'ouvre et Phileas Fogg apparaît.

« Me voici, messieurs. »

Alain Dag'Naud

Les aventures de Huckleberry Finn

d'après Mark Twain

Illustré par Évelyne Faivre

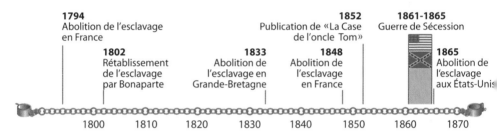

1794
Abolition de l'esclavage
en France

1802
Rétablissement
de l'esclavage
par Bonaparte

1833
Abolition de
l'esclavage en
Grande-Bretagne

1848
Abolition de
l'esclavage
en France

1852
Publication de «La Case
de l'oncle Tom»

1861-1865
Guerre de Sécession

1865
Abolition de
l'esclavage
aux États-Unis

1800   1810   1820   1830   1840   1850   1860   1870

Des fourmis dans les jambes

États-Unis, dans les années 1850

Je me nomme Huckleberry Finn. On m'appelle Huck. J'ai perdu ma mère. Mon père est un ivrogne. Il a disparu depuis pas mal de temps sans donner de nouvelles. La veuve Douglas m'a adopté. Avec sa sœur, Miss Watson, une vieille fille qui porte des lunettes, elle veut faire mon éducation. « Ne mets pas tes pieds sur la table qu'elles me disent. Apprends tes leçons. » Moi, j'ai plutôt envie de courir les champs. Heureusement, j'ai un ami, Tom Sawyer. Il est débrouillard comme pas un et toujours prêt à faire des bêtises. Un soir où nous étions tous les deux à explorer les environs, nous avons trouvé un trésor que des bandits avaient caché dans une caverne. Nous avons partagé. Six mille dollars chacun. Quel tas de pièces d'or ça faisait quand on les a mises en pile ! Le lendemain, nous en avons parlé au juge du coin. Il nous a demandé de lui apporter le magot. Il est allé le déposer à notre nom à la banque. Nous le toucherons plus tard.

un ivrogne : personne qui a l'habitude de boire trop d'alcool

adopter : prendre légalement sous sa responsabilité un enfant sans parents

une vieille fille : une femme qui ne s'est pas mariée

un magot : grosse somme d'argent *(langage familier)*

Sept ou huit mois ont passé depuis que j'ai été adopté. L'hiver est bien avancé déjà. Je suis allé presque chaque jour à l'école. J'ai appris à lire, un peu à écrire et j'arrive à réciter la table de multiplication jusqu'à six fois sept, trente-cinq je crois. J'aurai du mal à aller plus loin. Le calcul, c'est pas mon fort. Je détestais l'école, au début ; petit à petit je m'y suis habitué. Quand je n'avais pas envie d'y aller, je m'échappais et dévalais les collines jusqu'au fleuve, le Mississippi. Mais le lendemain, la veuve Douglas me distribuait une raclée qui me remettait les idées d'aplomb.

Miss Watson a un esclave noir. Il s'appelle Jim. Il a une balle grosse comme le poing. Il l'a trouvée dans l'estomac d'un bœuf et il s'en sert pour faire de la magie. Il dit qu'un esprit qui sait tout est enfermé dedans. C'est pourquoi je suis allé le voir un soir pour lui demander des nouvelles de mon père. Jim a pris sa balle. Il l'a portée à sa bouche et a murmuré quelques mots. Puis il l'a laissée tomber par terre. Mais elle n'a pas roulé. Il a essayé une deuxième fois, puis une troisième. C'était pareil. Il s'est mis à genoux, a collé son oreille contre la balle pour écouter. Rien à faire, elle a refusé de parler. Ce soir-là, quand je suis remonté dans ma chambre, j'ai allumé ma chandelle. Mon père était là, en chair et en os, assis sur ma chaise.

dévaler : descendre à toute vitesse

distribuer : donner

une raclée : de nombreux coups, une sévère correction

d'aplomb : bien comme il faut

en chair et en os : en personne

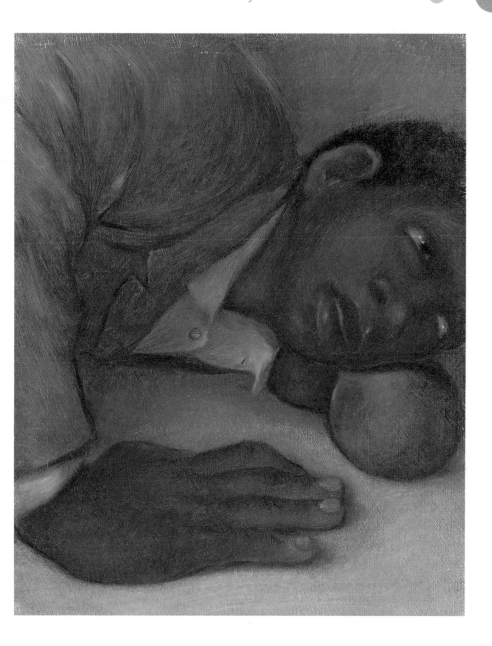

Mon père

Il était là. J'en eus le souffle coupé. J'avais toujours eu peur de lui parce qu'il me frappait. Mais j'ai compris tout de suite que les choses avaient changé. La frousse qu'il me donnait autrefois avait disparu. Il avait cinquante ans. Ses cheveux étaient longs, sales et emmêlés. Et ses habits ! Des loques. Un de ses pieds était posé sur son genou et je voyais, à travers son soulier crevé, dépasser son orteil. J'étais là, debout, à le regarder. J'ai posé ma bougie ; j'ai remarqué alors que la fenêtre était ouverte. Il était donc passé par le toit de la remise.

« Dis donc ! Quelles nippes tu as ! me dit-il. Tu te prends pour quelqu'un, maintenant !

– P'têt ben qu'oui, p'têt ben qu'non, que je lui fais.

– Fais pas le malin avec moi. Je vais te rabattre le caquet. Paraît que tu sais lire et écrire, maintenant ? Ta mère, jusqu'à sa mort, elle a pas su lire ni écrire. Personne dans la famille. Moi pas plus que les autres. C'est fini ces foutaises-là. Si je te reprends à tourner autour de ton école, je te tanne le cuir, et dur. »

la frousse : grande peur *(langage familier)*

une remise : local dans lequel on range les outils

des nippes : des vêtements *(langage familier)*

rabattre le caquet : faire taire *(langage familier)*

des foutaises : des choses sans aucune importance *(langage familier)*

tanner le cuir : battre *(langage familier)*

Il prit alors sur ma table une petite image représentant une vache avec un jeune gars qui la gardait.

« Qu'est-ce que c'est que ça ? m'a-t-il demandé.

– La maîtresse me l'a donnée parce que j'avais bien appris mes leçons. »

Il la déchira et me dit :

« Et moi, je te donnerai une bonne raclée. »

Il resta quelques minutes à grogner, puis il recommença :

« Mais t'es un petit monsieur, dis donc ! Un lit, des draps, une armoire à glace, un tapis sur le plancher. Si c'est pas malheureux ! Et pendant ce temps-là, ton père est obligé de coucher avec les cochons. Jamais vu un fils pareil ! Et il paraît que tu es riche, à ce qu'on dit. C'est pour ça que je suis revenu. Demain, tu m'apporteras l'argent. J'en ai besoin.

– J'ai pas de sous !

– Sans blague ! Ton argent, il est chez le juge. Tu iras le chercher. Je te dis que j'en ai besoin.

– Va le demander toi-même au juge, que je lui répondis.

– D'accord, j'irai le trouver. Et je le ferai cracher. »

Là-dessus, il ressortit par la fenêtre et glissa le long du toit de l'appentis.

faire cracher :
faire payer
(langage familier)

un appentis :
petit bâtiment dont le toit est adossé à la maison

L'enlèvement

Le jour suivant, il était ivre, comme d'habitude. Il alla trouver le juge qui refusa de lui donner mon argent. Mon père lui en dit des vertes et des pas mûres, mais rien n'y fit. Alors il sortit se saouler. Jusqu'à minuit, il se promena en ville en hurlant à tue-tête et en tapant sur une casserole. Il fallut l'emmener au poste de police. Condamné à une semaine de prison, il est sorti en jurant de se corriger :

« Voyez-moi, qu'il disait aux gens. J'étais un cochon. Maintenant, je suis un homme qui commence une nouvelle vie. »

Il a même signé un serment, ou du moins il a fait une croix dessus, comme quoi il ne boirait plus. Mais très vite, il recommença. Souvent, il m'attendait à la sortie de l'école pour me demander de l'argent. Et il me rouait de coups quand je ne lui en donnais pas. Je continuais pourtant à aller en classe rien que pour le faire enrager.

dire des vertes et des pas mûres : dire des insultes, des choses choquantes *(langage familier)*

un serment : une promesse formelle

rouer de coups : frapper quelqu'un à coups redoublés

Il s'est mis à rôder autour de la maison de la veuve. Quand elle le surprit, elle lui dit que s'il continuait, il lui en cuirait. Il répondit qu'on verrait bien à qui j'étais. Et un jour, au printemps, il me guetta, m'attrapa par surprise et m'emmena en canot, à quelques kilomètres de là, de l'autre côté du fleuve Mississippi. Il m'enferma dans une vieille cabane de rondins de bois entourée de fourrés. Personne ne pouvait nous y trouver. Il ne me quittait pas de l'œil ; impossible de filer. Quand il sortait, il fermait la porte à clef. La nuit, il mettait la clef sous son oreiller. Il avait un fusil, qu'il avait sans doute volé, et une canne à pêche. On vivait avec ce qu'il prenait à la pêche et à la chasse. De temps en temps, il échangeait dans les environs son poisson ou son gibier contre du whisky qu'il ramenait à la maison. Puis il se mettait à boire ; alors il me battait.

Il m'autorisait quelquefois à pêcher avec lui. Au bout du compte, je me la coulais douce, sans livres ni leçons. Les torgnoles mises à part, je me suis fait à cette vie-là. Deux mois plus tard, mes frusques étaient crasseuses et en loques. Je me demandais comment j'avais pu vivre chez la veuve, où il fallait se laver, manger dans une assiette, se lever à l'heure, ne pas dire de gros mots. Je n'étais pas si mal que ça, dans les bois.

Il lui en cuirait :
il aurait l'occasion de s'en repentir

un rondin :
tronc d'arbre employé pour construire une cabane

se la couler douce :
mener une vie agréable, sans souci *(langage familier)*

une torgnole :
des coups *(langage familier)*

des frusques :
habits en mauvais état *(langage familier)*

Une évasion bien menée

Mais, peu à peu, mon père est devenu plus violent. J'étais tout couvert de bleus. Il s'en allait souvent boire en ville. Une fois, après m'avoir enfermé, il n'est pas revenu de trois jours. J'ai pensé que je ne sortirais plus de là. Quelle peur j'avais ! Il fallait que je découvre un moyen de m'échapper ! Mais la porte était solide. Pas de fenêtre assez large. J'ai fouillé dans tous les coins. J'ai fini par mettre la main sur une vieille lame de scie rouillée. Je l'ai graissée et j'ai commencé à scier un rondin. J'allais en venir à bout quand j'ai entendu mon père arriver. J'ai tout caché. Il était ivre et pas beau à voir, couvert de boue de la tête aux pieds. Bientôt, comme il ne tenait plus sur ses jambes, il s'est laissé tomber. Une minute après, il ronflait.

s'emparer :
prendre d'un
mouvement vif

Il fallait que je me sauve. Le jour se levait. Je m'emparai des clefs qu'il avait près de lui et sortis sans faire de bruit. J'ai filé vers le fleuve et longé la rive. Tout d'un coup, qu'est-ce que je vois ? Un canot qui dérive, sans doute emporté par le courant. J'ai plongé la tête la première, comme une grenouille, tout habillé. Je me suis hissé à bord. J'ai ramené le bateau sur la berge. Je l'ai caché sous les saules. Je suis retourné à la cabane. Le père dormait toujours. J'ai pris du pain, un morceau de viande, une cruche d'eau, du sucre, du café, une tasse, ma vieille scie, deux couvertures, une marmite, des lignes pour pêcher et des allumettes. Enfin, tout ce qui pouvait me servir, je le raflai. Puis j'ai décroché le fusil du père et je suis parti sans faire de bruit. J'ai tout amené au canot en plusieurs fois. J'avais laissé des traces sur le sol. J'ai tâché de les dissimuler en balayant la terre avec des branches.

se hisser :
grimper avec effort

la berge :
la rive d'un cours d'eau

rafler :
emporter rapidement

dissimuler :
cacher

Pas de temps à perdre : quand j'eus tout embarqué, je grimpai à bord. Une minute après, je ramais sans bruit. J'étais porté comme une flèche par la vitesse du courant. J'abordai sur la rive d'une île. Je poussai le canot dans une étroite crique cachée par les branches des saules. Après l'avoir amarré, j'allai m'asseoir sur un tronc d'arbre pour regarder l'immense fleuve et réfléchir. Mais je m'endormis.

embarquer :
mettre à bord d'un bateau

une crique :
un abri naturel formé par deux avancées de rochers

amarrer :
retenir un bateau avec une corde

La rencontre avec Jim

la flemme :
une grande
paresse
(langage familier)

une détonation :
bruit violent
d'une explosion

un ferry-boat :
bateau de
transport
aménagé à
l'origine pour
transporter
des trains

avoir l'estomac
dans les talons :
être affamé
(langage familier)

Il devait être huit heures du matin passées quand je me réveillai, car le soleil était déjà haut. Couché là, dans l'herbe, j'étais bien, et content. J'avais la flemme de me lever. Mais une détonation retentit. On tirait au canon. Sans doute pour signaler ma disparition. Je sautai sur mes pieds ; je regardai entre les feuilles. Et boum ! Je vis une fumée blanche sortir du canon d'un ferry-boat. Le capitaine criait : « Ouvrez l'œil, et le bon. » Le bateau descendit le courant le long de mon île et il disparut derrière un cap. De temps en temps, j'entendais les coups de canon, toujours plus éloignés. Une heure plus tard, je n'entendis plus rien.

Cette fois, j'étais tranquille. J'avais l'estomac dans les talons. J'ai mangé un morceau de pain. Puis j'ai débarqué mes affaires qui étaient restées dans le canot. Avec une couverture, j'ai fabriqué une espèce de tente pour le cas où il pleuvrait. J'ai préparé mes lignes pour pêcher. En moins d'une heure, je réussis à attraper un poisson. Je lui ouvris le ventre avec ma scie, j'allumai un feu et je le fis cuire. À la nuit tombée, je m'allongeai. Je comptai les étoiles et bientôt j'allai dormir. Il n'y a pas de meilleure façon de passer le temps.

Le jour suivant, armé de mon fusil, je m'en allai explorer l'île. Je trouvais des fraises et des mûres, très bonnes. À un moment, j'ai failli marcher sur un serpent à sonnettes qui s'est sauvé dans l'herbe. Je me mis à courir après lui pour essayer de l'assommer avec mon fusil. Tout à coup, je sautai en plein sur les cendres d'un feu encore fumant. Mon cœur bondit. Je filai en douce sur la pointe des pieds. De temps en temps, je m'arrêtais pour écouter si on me suivait. De retour à mon camp, je grimpai dans un arbre. J'y restai deux bonnes heures, sans rien voir, sans rien entendre. J'ai fini par en redescendre. Vers le soir, je me suis dit :
« Ça ne peut pas continuer comme ça. Il faut que je voie qui est avec moi dans l'île. »
Je pris mon fusil et m'engageai sans bruit dans la forêt. La nuit était tombée mais la lune brillait. Je me suis glissé en direction du feu de camp que j'avais vu, m'arrêtant toutes les deux minutes pour tendre l'oreille. À la fin, j'ai aperçu un feu à travers les arbres. À pas de loup, je me suis approché. Là, j'ai vu un homme couché par terre, la tête dans une couverture. Je restai derrière un buisson sans le quitter des yeux. Il se mit à bâiller et à s'étirer. Sa tête apparut. C'était Jim, le nègre de Miss Watson ! Vous parlez si j'étais content de le voir !

en douce : avec discrétion

à pas de loup : silencieusement

À nous la liberté

« Salut Jim », lui dis-je en m'avançant.
Voilà qu'il bondit sur ses jambes, l'air terrorisé.
« C'est moi, Huck. Comment se fait-il que tu sois sur l'île, Jim ?
– Missié, si je le dis, t'irais pas le répéter, hein ?
– Parole !
– Je te crois, missié Huck ; je… m'ai sauvé.
– Jim !
– Tu m'as dit que tu dirais rien à personne, Huck !
– Tu as ma parole ! Les gens diront que je suis un sale abolitionniste ; tant pis. Je ne dirai rien. Allez, raconte.
– Voilà comment ça c'est fait. La vieille Miss Watson était tout le temps sur mon dos. Quand j'travaillais pas assez, elle m'disait qu'elle allait m'vendre à un marchand d'esclaves de La Nouvelle-Orléans. Ça m'a fait réfléchir. Un jour, je l'ai entendue qui disait à la veuve Douglas, ta mère adoptive :
"Je pourrais en tirer 800 dollars."

un abolitionniste : Américain qui était pour l'abolition de l'esclavage

ne pas attendre son reste : ne pas attendre d'en savoir plus

– Tu es sûr ? lui dis-je, ce n'est pas son genre, elle est bien brave.

– Si, si, missié. Elle a dit ça. J'ai pas attendu mon reste, j'ai filé au galop. J'ai couru en bas de la colline. Lorsqu'il a fait nuit, j'ai marché dans l'eau le long du fleuve. Je savais bien ce qu'il fallait faire. Ils allaient me lâcher les chiens. Dans l'eau, ils perdraient ma trace. Au bout d'un moment, j'ai vu une lumière sur l'île. J'ai nagé en poussant un tronc d'arb' devant moi. Et j'suis arrivé ici.

– C'est donc toi qu'ils cherchent ! Allez, suis-moi ! »

Ensemble, nous sommes retournés à l'endroit où j'avais installé mon camp. Jim me dit :

« Les p'tits oiseaux ont annoncé la pluie. Ti voudrais pas qu'tout soit trempé. »

Alors nous avons cherché un lieu où nous abriter. Nous avons trouvé une caverne grande comme trois pièces bout à bout. Nous y avons monté notre matériel. Restait plus qu'à cacher le canot. Il y avait des poissons accrochés aux lignes. On s'est installés pour dîner dans la grotte. Peu après, le ciel se couvrit ; il y eut des éclairs et il se mit à pleuvoir à torrents. C'était un gros orage d'été. Les petits oiseaux avaient donc raison.

se couvrir :
s'assombrir

« C'est chouette, hein, Jim !
— Sans Jim, ti serais dehors, comme qui dirait à moitié noyé. »
On resta là dix ou douze jours. Le fleuve était en crue. Un matin, à l'aube, voilà qu'un grand radeau s'échoue près de notre canot. Puis une maison de bois à la dérive arrive droit vers nous. Elle heurte la berge. Jim et moi entrons par une fenêtre. Dedans, tout est en désordre. Les gens ont dû partir en vitesse, sans rien emporter. On y découvre deux robes sales, un bonnet de femme, une vieille lanterne, une hache, un bon couteau, un paquet de chandelles, un vieux couvre-lit, un nécessaire à couture.

la crue :
montée des eaux
due à de fortes
pluies

s'échouer :
toucher accidentel-
lement la rive

heurter :
toucher violemment

« C'est une bonne prise, ma foi. Ramenons le tout à la caverne. »
Les jours passèrent, tranquilles, et le fleuve rentra dans son lit.

le lit :
le creux où coule le
cours d'eau

La chasse à l'homme

se remuer :
ne pas rester à ne
rien faire

ouvrir l'œil :
faire attention
(langage familier)

s'exercer :
s'entraîner

mettre le cap :
se diriger vers

Au bout d'un certain temps, je dis à Jim que j'avais envie de me remuer un peu. Que je voulais regagner la rive pour voir ce qui se passait par là. Jim dit que c'était pas une mauvaise idée, mais qu'il fallait ouvrir l'œil. Je me dis qu'on ne risquerait pas de me reconnaître si je mettais les habits de fille trouvés dans la maison. On raccourcit une des robes. Je me glissai dedans. Elle m'allait assez bien. Je mis le bonnet avec le nœud sous le cou. On aurait du mal à voir ma figure. Jim était sûr que personne ne me reconnaîtrait. Mais il disait que je ne marchais pas comme une fille. J'ai dû me promener toute la journée par-ci par-là pour m'exercer.

Dès que la nuit fut tombée, je pris le canot et mis le cap sur l'autre rive. J'arrivais près d'une maison où brillait une lumière. Je me glissai jusqu'à la fenêtre et jetai un coup d'œil à l'intérieur. Il y avait une femme d'environ quarante ans en train de tricoter à la lueur d'une chandelle. Je frappai à la porte.

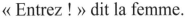
« Entrez ! » dit la femme.

J'entre.

« Comment vous appelez-vous ?

– Sarah Williams.

– Que voulez-vous à cette heure ?

– Si j'arrive si tard, c'est que ma mère vient de tomber malade. Je viens le dire à mon oncle Abner Moore qui habite en haut du bourg. Vous le connaissez ?

– Non. Mais il n'y a que deux semaines que je suis ici. Je ne connais pas tout le monde. »

La chance était de mon côté.

« L'autre bout de la ville est loin et il fait nuit. Attendez plutôt le retour de mon mari. Il est allé chercher un bateau avec un copain. Il espère gagner la prime de trois cents dollars offerte à qui ramènera mort ou vif un nègre qui s'est échappé. Cet esclave en fuite est soupçonné en plus d'avoir enlevé un jeune garçon du nom de Finn, dont on a perdu la trace depuis plusieurs semaines. Si on le tient, son compte est bon. Il sera lynché. Ou on l'enduira de goudron et de plumes et on y mettra le feu. Mon mari pense qu'il se cache dans l'île en face. »

Mon sang ne fit qu'un tour.

« Votre mari traverse ce soir ?

– Bien sûr, me répondit-elle. Après minuit, il sera plus facile de prendre le nègre par surprise. Mon mari pourra trouver son feu de camp.

la prime :
la récompense

mort ou vif :
mort ou vivant

lyncher :
tuer une personne
sans jugement
en la battant à mort

enduire :
recouvrir

**son sang ne fit
qu'un tour :**
il réagit vivement

– Il faut que j'y aille », dis-je, pressé de partir.

Je sortis aussi vite que possible, sautai à bord de mon canot et ramai de toutes mes forces. En abordant l'île, je ne pris pas le temps de souffler. Je traversai le bois en courant et arrivai à la caverne. Jim dormait, couché par terre. Je le secouai et lui criai :

se grouiller :
se dépêcher
(langage familier)

« Jim, lève-toi et grouille-toi. Pas une minute à perdre, ils sont à nos trousses. »

**aux trousses
de quelqu'un :**
à la poursuite

En un rien de temps, nous avons replié bagage et tout descendu sur le radeau, plus large que le canot. Nous avons éteint le feu dans la caverne. Nous nous sommes couchés sur le radeau. Sans faire un bruit, sans un mot, nous avons laissé filer l'embarcation dans la nuit.

La descente en radeau

Nous avons dérivé toute la nuit. Au matin, le radeau s'est échoué sur un banc de sable couvert de cotonniers qui poussaient dru. Nous l'avons amarré, puis recouvert de branches avant de nous cacher sous les arbustes de deux mètres de haut. Le reste de la journée a filé à regarder passer les gros steamers. Ils crachaient leur vapeur pour remonter le courant avec leurs grosses roues à aubes. À la nuit tombante, nous sommes sortis des cotonniers. Une fois sur le radeau, on s'est laissé porter par le courant. Ça nous faisait quelque chose de descendre ce grand fleuve silencieux, allongés sur le dos, à regarder les étoiles. La descente a duré longtemps. Des semaines. La nuit, on naviguait, le jour on se cachait pour dormir. Parfois, je me posais des questions :
« Qu'est-ce qu'elle t'a donc fait, Miss Watson, pour que tu aides son nègre à s'évader ? »
Je me demandais s'il fallait le dénoncer. D'un autre côté, je l'aimais, le brave Jim.

dériver :
se laisser porter par le courant sans pouvoir gouverner un bateau

dru :
en grande quantité, de façon très serrée

un steamer :
un bateau à vapeur

une roue à aubes :
roue disposée sur le côté ou à l'arrière du bateau, munie de pales de bois (les aubes) qui tournent et entraînent le navire

Une nuit que j'étais tombé à l'eau, il m'avait repêché en disant :

« T'es pas mort ? T'es pas noyé ? C'est trop beau pour être vrai, mon cœur, grâce à Dieu. » Et ses larmes avaient coulé.

De son côté, Jim parlait souvent tout seul. Il disait qu'il irait dans un État où il n'y a pas d'esclaves. Il économiserait de l'argent, ne dépenserait pas un sou. Et quand il serait assez riche, il rachèterait sa femme qui était esclave dans une ferme près de chez Miss Watson. Ensuite, ils travailleraient tous les deux pour racheter leurs deux enfants.

Hélas, une nuit, un bateau à vapeur a foncé droit sur nous sans nous voir. C'était un gros steamer, et il filait vite. Pendant que Jim sautait d'un côté et moi de l'autre, le navire coupa en deux notre radeau. Je plongeai au plus profond pour éviter les énormes pales de la roue à aubes qui allaient passer au-dessus de ma tête. Je suis resté sous l'eau plus d'une minute. Quand je suis remonté, j'étais prêt à éclater. Le steamer s'éloigna. J'ai appelé « Jim ! », « Jim ! », « Jim ! ». Pas de réponse. Je saisis un débris du radeau et nageai vers la rive. Enfin je touchai terre et grimpai sur la berge. J'appelai de nouveau Jim. Personne. Alors je m'assis par terre et je me mis à pleurer.

une pale : chacune des parties plates de la roue à aubes

un débris : un morceau du radeau détruit

Jim prisonnier

Je finis par m'endormir. À mon réveil, il faisait plein jour. Je traversai une forêt et trouvai enfin une route. Je rencontrai un garçon et je lui demandai s'il avait vu un nègre. Je lui décris Jim.
« Oui, me dit-il. Je l'ai vu. »
J'étais soulagé. Jim était vivant.
« Où ça ? demandai-je au garçon.
– Chez Silas Phelps, à deux milles d'ici. C'est un nègre échappé. On l'a pris. Tu le cherches ?
– Tu penses bien que non. »
Je m'éloignai. Je me creusais la cervelle pour trouver une solution, mais je ne voyais pas le moyen de libérer Jim.

Après un bon somme, je me levai avant l'aube et me rendis chez Phelps. Quand j'arrivai, tout était tranquille ; le soleil cuisait ; les esclaves étaient aux champs et dans l'air on entendait bourdonner des mouches. J'étais à mi-chemin de l'entrée qu'un chien, puis deux, vinrent vers moi en

un mille :
une unité de distance
de 1 609 mètres
aux États-Unis

**se creuser
la cervelle :**
réfléchir pour
trouver une solution
(langage familier)

un somme :
le fait de dormir
un court instant

cuire :
taper très fort

61

aboyant. Je savais qu'en ce cas-là, le mieux c'est de ne pas bouger. Une femme noire se précipita hors de la cuisine, un rouleau à pâtisserie dans la main, en criant : « Couché, Médo'. » À ce moment, la maîtresse de maison sortit en courant : « C'est toi, enfin, c'est bien toi ? Je t'attendais. J'ai reçu un mot de ma sœur, ta mère, m'informant de ta venue. »

Et moi, sans réfléchir, je lui dis :

« Oui, m'dame. »

Elle me prit dans ses bras, me serra sur son cœur.

« Appelle-moi tante Sally. »

la maisonnée : tous les habitants de la maison

Et la voilà qui appelle la maisonnée :

« Mes enfants, c'est votre cousin Tom, Tom Sawyer ! Dites-lui bonjour ! »

Elle me confondait avec Tom, mon meilleur ami ! J'étais chez sa tante.

« Ton oncle est allé te chercher en ville. Tu l'as sûrement rencontré sur la route, non ? » me dit-elle. J'étais dans mes petits souliers.

« J'ai vu personne, tante Sally. »

sur ces entrefaites : à ce moment-là

Sur ces entrefaites, le mari de tante Sally rentra. Le vieux monsieur n'avait trouvé personne. Il était si content de me voir. Je pensais que Tom avait manqué son bateau. Il serait là le lendemain.

La fuite

Au matin, je racontai que j'allais visiter la ville.
Le vieux monsieur voulait m'accompagner. Je
lui dis que je saurais bien conduire le chariot et
le cheval tout seul. J'étais à peine à mi-chemin
lorsque j'aperçus Tom. Je le hélai. Il ouvrit des
yeux comme des billes.

héler : appeler

« J'en reviens pas ! » qu'il me dit. Il me croyait
mort. En deux mots, je lui expliquai la situation.
« Laisse-moi réfléchir », dit-il. Et au bout d'un
moment :
« Ça y est, j'ai trouvé ! Je ferai croire que je suis
mon frère, Sid Sawyer, arrivé par le bateau suivant. Ensemble, nous trouverons bien un moyen
de délivrer ton nègre. »
Ainsi fut fait.
« Mon Dieu, quelle surprise ! s'exclama tante
Sally. On croyait que Tom viendrait seul. Ma
sœur ne m'avait pas prévenue. »

On n'eut pas de mal à trouver où Jim était enfermé.
C'était dans une cabane à la porte cadenassée.
Une nuit, Tom et moi sommes passés par un
appentis attenant à la cabane. Il y avait des outils,
des pelles et des pioches. Sans trop de bruit, nous
avons creusé un trou dans la terre friable, sous

cadenassé : fermé par un cadenas

friable : qui s'effrite, se réduit en poudre facilement

63

la cloison de séparation. Au bout de trois heures de travail, nous sommes entrés dans la cabane de Jim. Il était terrorisé. Il croyait que des fantômes allaient l'assaillir. Je lui ai parlé ; il m'a reconnu :

« Huck, te voilà ! Oh ! c'est bien missié Huck ! »

Nous nous faufilâmes par le trou, Jim d'abord, moi après et Tom derrière. Au moment où nous franchissions la clôture de la ferme, il y eut des cris :

se faufiler :
se glisser

« Qui va là ? Répondez ou je tire ! »

On ne perdit pas de temps à répondre. Chacun prit ses jambes à son cou, et ce fut la course.

« Bing ! Bang ! » Les balles nous sifflaient aux oreilles. Il a bien fallu nous rendre.

En fait, c'étaient des fermiers des environs. Ils étaient au moins quinze. Ils s'étaient lancés à la poursuite de trois esclaves en fuite. Ils nous ont mis une lanterne sous le nez, à Tom et moi. Jim avait disparu. Il avait sans doute réussi à s'échapper. Ils nous ont demandé ce que nous faisions par là en pleine nuit. Tom leur a dit :

« Nous voulions vous aider.

– Rentrez chez vous, s'écria celui qui avait l'air de commander. Allons-y, les gars. »

Tom et moi sommes rentrés à la maison. Nous espérions que Jim aurait eu le temps de se cacher dans les bois.

Vers de nouvelles aventures

Le lendemain matin, au petit déjeuner, je vis par la fenêtre un groupe s'approcher. Il y avait Jim, les mains liées derrière le dos, et des tas d'autres gens. Je sortis au galop. Je suivis les hommes pour voir ce qu'ils allaient faire de Jim. Il y en avait qui voulaient le pendre tout de suite, en guise d'exemple, pour ôter aux autres nègres le goût de se sauver. Certains lui ont donné des coups de poing. Lui ne disait rien. Ils le ramenèrent dans sa case et l'enchaînèrent à un gros crampon enfoncé dans la paroi. Et ils annoncèrent que deux fermiers armés de fusils monteraient la garde chaque nuit :

« Pas question qu'il s'échappe une nouvelle fois. Il restera au pain et à l'eau, bien enchaîné, jusqu'à ce que son propriétaire vienne le réclamer. »

Je décidai de tout raconter à tante Sally.
« Raconter quoi ? me dit-elle.

au galop :
à toute vitesse

en guise de :
comme, pour

un crampon :
un crochet
métallique

– Eh bien tout, tante !

– Tout quoi ?

– Que je ne suis pas Tom mais son ami Huck. Que je sais qui est le nègre dans la cabane. C'est Jim, l'esclave de Miss Watson. Et comment nous l'avons délivré, Tom et moi.

– Miséricorde ! Délivré le… Qu'est-ce que cet enfant raconte là ? Mais tu ne sais donc pas, mon pauvre petit, que Miss Watson est morte il y a deux mois. Ma sœur me l'a écrit. Elle m'a dit aussi que la bonne Miss Watson avait rendu leur liberté à tous ses esclaves, notamment au dénommé Jim.

– Allons vite délivrer Jim », m'écriai-je.

Tous ensemble, nous courûmes à la cabane. En deux temps trois mouvements, Jim fut libéré de ses chaînes. Il était tellement heureux qu'il riait et pleurait en même temps. Il me serra fort dans ses bras et me dit :

« Huck, tu te souviens, sur notre radeau, quand nous regardions le ciel ? Nous avons vu passer une étoile filante. J'ai fait alors le vœu d'être libre pour mieux t'aider dans ta recherche de liberté. Eh bien, maintenant, nous sommes libres l'un et l'autre. »

Alain Dag'Naud

Émile Zola,
écrivain-reporter

LA VÉRITÉ
EST EN MARCHE,
ET RIEN
NE L'ARRÊTERA
ÉMILE ZOLA
13 JANVIER 1898

Illustré par Jérémie Tohic

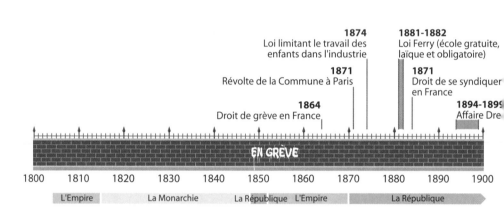

1874
Loi limitant le travail des
enfants dans l'industrie

1881-1882
Loi Ferry (école gratuite,
laïque et obligatoire)

1871
Révolte de la Commune à Paris

1871
Droit de se syndiquer
en France

1864
Droit de grève en France

1894-189
Affaire Dre

EN GRÈVE

1800   1810   1820   1830   1840   1850   1860   1870   1880   1890   1900

L'Empire   La Monarchie   La République   L'Empire   La République

Dans ma jeunesse

Bonjour. Je m'appelle Zola, Émile Zola. Je suis né à Paris le 2 avril 1840 à onze heures du soir. Mon père, François Zolla, avec deux « l », était italien. Il était ingénieur et j'étais fier de lui. Il avait imaginé les plans d'un canal pour amener l'eau potable à Aix-en-Provence, dans le sud de la France. C'est pourquoi, en 1843, nous avons quitté Paris pour nous installer à Aix. Hélas, en 1847, mon père a pris froid sur son chantier et il est mort. J'avais sept ans. Ma mère et moi, nous avons alors connu la pauvreté puis la misère. Je me suis retrouvé pensionnaire dans un internat. Nous étions quarante par chambrée. L'hiver, il y faisait froid. Et à la cantine, j'en ai encore des nausées quand j'y pense, on mangeait des plats abominables qui sentaient le moisi. Je me rattrapais sur les morceaux de pain dont je bourrais mes poches et que je mangeais en récréation.

J'étais bon élève. Mais il y avait des pensionnaires grands et forts, plutôt bêtes, qui se moquaient de moi. Ils disaient : « Voilà le Parisien qui ne connaît pas les c et les s. » Il est vrai que je prononçais par exemple *tautitton* au lieu de saucisson ! Ils riaient parce que j'étais myope comme une taupe. Face à ces brutes, je ne faisais

un pensionnaire : élève logé et nourri dans son établissement scolaire

un internat : un établissement scolaire où logent les pensionnaires

une chambrée : ensemble des pensionnaires qui partagent la même pièce pour dormir

des nausées : l'envie de vomir

myope : qui ne voit pas correctement ce qui est loin

Musset :
poète et auteur dramatique
(1810-1857)

Victor Hugo :
poète et romancier. Auteur des *Misérables*
(1802-1885)

en troisième classe :
les billets de train étaient à cette époque de première, de seconde et de troisième classe pour les plus pauvres qui voyageaient avec les marchandises

la « zone » :
terrain vague situé sur les anciennes fortifications de Paris qui venaient d'être détruites

un taudis :
logement misérable

employé des douanes :
personne chargée de surveiller le transport des marchandises et de percevoir des taxes

un omnibus :
voiture à cheval qui transportait les passagers en ville

pas le poids. Par bonheur, j'ai rencontré alors un grand garçon aussi timide que moi. Il s'appelait Paul Cézanne. Entre lui et moi, ce fut d'un coup l'amitié, et pour toujours. Plus tard, il deviendrait l'un des plus grands peintres de notre pays. Ensemble, quand nous pouvions nous échapper du pensionnat, nous allions dans la campagne. Couchés dans l'herbe, nous lisions des poèmes de Musset ou de Victor Hugo. Quand l'orage menaçait, je me mettais à trembler. Alors, nous rentrions vite fait.

Pour gagner un peu d'argent, ma mère, Émilie, est partie à Paris en me laissant à Aix. Des mois se sont écoulés. Un jour de février 1858, j'ai reçu une lettre d'elle. Je devais la rejoindre. J'ai vendu quelques meubles qu'elle avait laissés à Aix. Je me suis acheté un billet de chemin de fer en troisième classe et je suis parti, laissant mon ami Paul. J'avais dix-huit ans. Quel voyage ! Il a duré des heures. Il faisait froid dans le wagon sans chauffage. Impossible de dormir : j'étais assis sur une banquette de bois qui me râpait les fesses. Aux approches de Paris, le train a traversé la « zone », parsemée de taudis. Puis nous sommes entrés en gare. Ma mère m'attendait sur le quai. Je l'embrassais tendrement pendant que des employés des douanes fouillaient mes bagages. Nous sommes montés dans un omnibus.

Pas un jour sans une ligne

vague :
qui n'est pas précis

l'île de la Cité :
île de la Seine,
quartier le plus
ancien de Paris
où se trouve
la cathédrale
Notre-Dame

le baron Hauss-
mann :
préfet de Paris qui
réalisa de grands
travaux qui trans-
formèrent la ville

le Quartier latin :
quartier étudiant de
Paris où se trouve
l'université de la
Sorbonne

plus souvent qu'à
mon heure :
extrêmement
souvent

« Que c'est beau ! » m'écriai-je. J'avais le vague souvenir d'enfance de ruelles sales autour de l'île de la Cité. Je découvrais, admiratif, les grandes avenues percées depuis trois ans par le baron Haussmann. Mais j'ai vite compris que, tout près des magnifiques façades des nouveaux immeubles occupés par les riches, il y avait encore des quartiers pauvres. C'est dans l'un d'eux, au Quartier latin, que nous nous sommes installés, ma mère et moi. Près de nous, vivaient des artisans, blanchisseuses, bottiers, dans leurs minuscules boutiques. Puis nous avons dû déménager plusieurs fois, car ma mère ne pouvait payer le loyer.

Je suis entré au lycée Saint-Louis. Nous étions soixante par classe. Personne n'écoutait les professeurs. J'ai raté deux fois mon baccalauréat. Pour vivre, j'ai cherché des emplois. Je suis devenu fonctionnaire aux douanes. Au bout de quelques semaines, j'en ai eu assez de remplir des dossiers toute la journée. J'ai quitté ce métier. Très vite, je me suis retrouvé sans argent. Quand ma mère, qui m'appelait « Mimi », ne pouvait plus m'aider, je manquais de tout. J'avais faim plus souvent qu'à mon heure. Je me contentais alors de deux sous de fromage, de quelques frites et de marrons grillés que je dévorais dans la rue. Par bonheur, un ami m'a trouvé du travail à la librairie Hachette, la plus grande maison d'édition de France. J'y emballais des livres. Le patron a vu que je pouvais faire mieux. Il m'a placé au service de la publicité. Je travaillais six jours par semaine, de huit heures trente à onze heures trente et de treize heures à dix-huit heures. Je gagnais ma vie et je m'y plaisais bien. J'y rencontrais des écrivains célèbres. « Pourquoi pas moi ? » me suis-je dit.

Je décidai d'écrire. D'abord des articles pour les journaux qui payaient bien, *Le Petit Journal, Le Figaro*... Puis des livres. Je me suis fixé un devoir : « Pas un jour sans une ligne. » C'est alors que j'ai eu l'idée de rédiger en vingt volumes l'histoire d'une famille, les Rougon-Macquart. J'allais les faire vivre dans la société du Second Empire, celui de Napoléon III qui a régné depuis son coup d'État du 2 décembre 1851 jusqu'à la triste défaite de 1870 face à l'Allemagne. Pour chaque livre, j'ai mené de vraies enquêtes de reporter. Voici ce que j'ai appris.

un coup d'État :
prise du pouvoir par des moyens illégaux

la défaite de 1870 :
après cette défaite, Napoléon III abdiqua et se réfugia en Angleterre où il mourut

un reporter :
un journaliste

Le règne de l'argent

Sous le Second Empire, d'énormes fortunes se sont bâties. Des chefs d'entreprise ont construit des chemins de fer, creusé des canaux, bâti des usines. Des financiers ont fondé des banques comme le *Crédit foncier*. Les uns et les autres ont joué et souvent gagné des fortunes à la Bourse de Paris. Pour montrer dans mes romans cette richesse qui coulait à flots, j'ai enquêté dans les beaux quartiers. J'ai interrogé tous ceux qui pouvaient me donner des renseignements. L'un d'eux m'a décrit le palais d'une femme richissime, la Païva :

« Elle est l'amie du prince de Galles, héritier de la couronne d'Angleterre, qui vient souvent s'amuser à Paris. Elle connaît aussi de nombreux nobles et riches bourgeois, m'expliqua-t-il. Elle habite avenue des Champs-Élysées. Si vous voyiez sa salle de bains : les murs sont couverts de marbre, les robinets de la baignoire sont incrustés de pierreries. Quand elle sort se promener, en calèche sur les Grands Boulevards ou au bois de Boulogne, les gens se retournent. »

une calèche : voiture à cheval très légère, à deux places

Pour comprendre le fonctionnement de la Bourse, je suis allé au Palais où se réunissent tous ceux qui risquent des sommes colossales. Un gardien m'a désigné une personne vêtue de noir.

colossale :
très importante

« Vous voyez celui-ci ? C'est Aristide Saccard. Il a fait fortune en construisant des voies ferrées pour le sultan de l'Empire ottoman. Il possède plusieurs navires qui sillonnent la Méditerranée. En un mois seulement, sa richesse a été multipliée par sept grâce à des placements en Bourse. Monsieur Saccard dirige aussi une banque. Allez-y. Elle est située rue de Londres, dans les nouveaux quartiers du nord de Paris. »

l'Empire ottoman :
il n'en reste, aujourd'hui, que l'actuelle Turquie

Je m'y suis rendu. La façade était luxueuse, avec toutes ses sculptures. À l'intérieur, je suis resté ébahi. Un immense escalier d'honneur conduisait à la salle de direction. On m'a permis d'y entrer. Elle était toute tapissée de velours rouge et or. Au sous-sol, se trouvait la salle des coffres : d'immenses cubes d'acier scellés dans le mur. J'étais vraiment impressionné.

ébahi :
complètement stupéfait

un chambellan :
gentilhomme chargé du service de l'impératrice

Dans la suite de mon enquête, j'ai été amené à rencontrer le chambellan de l'impératrice Eugénie. Il m'a décrit l'atmosphère à la cour :

l'impératrice Eugénie :
Eugénie de Montijo, noble espagnole, épouse de Napoléon III

« Nous organisons de grands dîners tous les soirs au palais des Tuileries. Les femmes portent des robes longues et des fleurs dans les cheveux ; les hommes des redingotes et des gants blancs. Les repas sont suivis de grands bals terminés souvent par des feux d'artifice.

la cour :
ensemble des personnes qui entourent l'empereur

les Tuileries :
résidence royale située près du Louvre

une redingote :
manteau d'homme long et resserré à la taille

– On s'amuse bien, alors ? demandai-je.

– Ne vous y fiez pas. Derrière les sourires se cachent de grandes ambitions. Tenez, prenez Son Excellence Eugène Rougon, ministre de l'Intérieur. Il récompense les flatteurs par des médailles ou des postes de hauts fonctionnaires. Mais il fait emprisonner sans pitié les républicains qui critiquent l'Empire. Méfiez-vous de lui. »

Grâce à la documentation que j'ai réunie, j'ai écrit plusieurs romans : *Son Excellence Eugène Rougon*, *Nana*, *L'Argent*... Chacun d'eux m'a pris une année complète. J'ai fait fortune à mon tour. En 1878, je me suis acheté une jolie maison de campagne, à Médan, au bord de la Seine. Mais, deux ans plus tard, j'ai perdu un ami cher, l'écrivain Flaubert. Je l'aimais beaucoup. Quand il me rencontrait, il me déposait de gros baisers sonores sur les joues. Puis ma mère est morte. J'étais inconsolable.

Aux Halles de Paris

Pour me sortir de ma tristesse, je décidai d'entreprendre un nouvel ouvrage. Pourquoi pas sur Paris ? La capitale avait triplé de population entre 1830 et 1880. De nombreux paysans des campagnes étaient venus à Paris dans l'espoir d'y trouver du travail bien payé. Ils étaient fascinés par cette ville aux rues éclairées par des réverbères au gaz. Plus tard, elles le seraient à l'électricité. Paris n'était plus aussi sale qu'autrefois. Un réseau d'égouts évacuait les eaux sales. La plupart des rues étaient pavées. De larges avenues permettaient aux omnibus et aux calèches de passer sans problème. Les ouvriers vivaient auparavant dans les étages les plus élevés des immeubles ou dans les arrière-cours humides et froides. Les riches occupaient les premier et deuxième étages sur la rue. Quand les vieux quartiers ont été démolis pour y faire passer de grands boulevards, les pauvres ont été chassés dans la zone des alentours, près des fortifications qui protégeaient Paris.

J'ai voulu savoir comment on pouvait nourrir tout ce monde. Je suis donc allé visiter les Halles centrales édifiées sur ordre de Napoléon III. Je m'y suis rendu avec un ami car les Halles fonctionnaient surtout la nuit et l'endroit n'était pas

fasciné :
émerveillé, envoûté

un réverbère :
appareil d'éclairage des rues

évacuer :
faire s'écouler

Les Halles :
marché principal de Paris

79

rassurant. Je découvris dix grands bâtiments d'acier et de verre. Là, nous avons lié connaissance avec un gardien-chef qui nous a fait descendre jusque dans les caves et monter sur les toits. De là-haut, mon ami me dit :

« Retourne-toi et regarde ! »

l'aube naissante : le lever du jour

L'aube naissante donnait à tous ces bâtiments un aspect féerique. En bas, arrivaient de partout des

féerique : magique

charrettes tirées par des chevaux. Elles étaient chargées de viandes, de légumes, de fleurs.

« Descendons ! » dis-je à mes compagnons.

Nous nous sommes retrouvés dans l'allée prin-

compact : très serré

cipale, au milieu d'une foule compacte. Quelle odeur ! Je me bouchais le nez avec un mouchoir.

« Pousse-toi donc de là », me hurla en me bousculant un géant qui portait sur l'épaule un énorme quartier de viande. « Fais attention ! » me cria mon ami. Une grosse femme à la tête rougeaude venait de laisser tomber à mes pieds une corbeille de poissons. J'avais manqué glisser dedans. Elle

bougonner : parler indistinctement entre ses dents

ramassa ses poissons et repartit en bougonnant. Il y avait des mangeailles partout, des paniers d'œufs, des fruits et des volailles. Des caisses

des mangeailles : nourriture de mauvaise qualité *(langage familier)*

éventrées répandaient leur contenu sur le pavé.

« Suivez-moi ! » nous dit le gardien. Il nous entraîna dans les sous-sols. Il y avait là de malheureuses poules et des oies entassées, encore vivantes. Elles ne pouvaient se tenir debout. Elles s'égosillaient sans fin. C'était un bruit infernal. « Sortons ! » avons-nous dit en chœur, mon ami et moi.

Un an plus tard, je publiai un nouveau livre. Je l'ai intitulé *Le Ventre de Paris*.

s'égosiller :
pousser des cris à plein gosier

infernal :
insupportable

en chœur :
ensemble

Les grands magasins

Mon ami Paul Cézanne m'avait rejoint à Paris. Un jour, en nous promenant, il me dit :
« Je me suis trouvé un atelier. Je t'y conduis. » Il n'y avait là qu'un petit lit, une vieille armoire de chêne, un chevalet boiteux et une table encombrée de pinceaux, de peintures et d'assiettes sales. Il y avait aussi, je m'en souviens, une casserole barbouillée de vermicelle. La tanière de mon ami n'était pas reluisante. Je me dis que j'allais l'inviter souvent à la maison. Ma femme Alexandrine lui préparerait de bons petits plats. (Vous ai-je dit qu'entre-temps je me suis marié ?)
« Je t'emmène au café Guerbois, près de la place Clichy, au pied de la butte Montmartre, me dit-il. Tu y rencontreras des amis dont j'aime les œuvres. » Et je me retrouvai dans ce café que je devais fréquenter souvent par la suite, y discutant avec d'autres peintres, Renoir, Monet, Degas…

Quand j'allais place Clichy, je passais devant un des grands magasins qui étaient nés à Paris quelques années auparavant. Je suis entré dans cet immense bâtiment. Alexandrine y venait faire ses courses. En ressortant, j'ai demandé à un petit commerçant des environs comment de tels magasins avaient vu le jour.
« Ah ! Monsieur. Il y avait ici des boutiques très

un chevalet : support en bois sur lequel le peintre pose sa toile

boiteux : bancal, mal équilibré

une tanière : chambre en grand désordre

Renoir : peintre impressionniste (1841-1919)

Monet : peintre dont le tableau *Impression, soleil levant* a donné le nom au style impressionniste (1840-1926)

Degas : peintre et sculpteur inspiré par le monde du spectacle (1834-1917)

 anciennes. Une mercerie qui vendait de jolis tissus ; un marchand de parapluies ; un vendeur d'objets en cuivre pour la cuisine ; et beaucoup d'autres. Un jour, la mercière s'est mariée à un nommé Octave Mouret. Il a tout changé, la vitrine et les étalages. Il a même baissé les prix. Les clientes sont venues de plus en plus nombreuses. Mouret a racheté la boutique à côté, puis

une mercerie : un magasin où l'on vendait les fournitures nécessaires à la couture (fil, aiguille, bouton…)

un étalage : les marchandises exposées pour être vendues

les autres. Il a tout fait raser pour construire du neuf. Et voilà ! »

« Voilà un bon sujet de livre, ai-je pensé. Je l'appellerai *Au Bonheur des dames* ! »

Je me suis mis aussitôt au travail. J'ai pris rendez-vous avec le directeur d'un autre grand magasin, Le Bon Marché. M. Karcher, c'était son nom, m'a fait tout visiter. C'était un lundi de mars, jour de soldes. Le principe des soldes, c'est-à-dire de ventes à bas prix, était une invention du propriétaire, Aristide Boucicaut. Il y avait une foule incroyable dans tous les rayons. Les escaliers de fer étaient noirs de monde. Des clients se battaient pour acheter.

noir de monde : empli d'une foule immense

« Voyez, nous avons réuni dans ce seul magasin tous les genres de produits. Nous disposons de soixante-treize caisses. Chaque soir, l'argent est réuni et monté à la caisse centrale où sont nos coffres-forts. La plupart de nos vendeuses sont logées tout en haut. Il y a même un coiffeur pour les employées.

– Elles sont bien payées ? demandai-je.

– Non, pas vraiment, me répondit-il. Et si l'on n'est pas content d'une employée, elle est renvoyée sur-le-champ, sans explication. »

Au Bonheur des dames est sorti dans les librairies en 1883.

Le drame de l'alcoolisme

En ce temps-là, j'habitais un appartement dans un quartier du nord de Paris. Il ouvrait sur un jardin. J'y cultivais des légumes pour me reposer de mes heures d'écriture. J'aimais aussi me promener sur les pentes de la butte Montmartre, toute proche.

Voilà qu'un jour, en flânant, j'entends :

« Ah ! la chameau !

– Tiens, saleté ! Tu l'as reçu celui-là. Ça te calmera.

– Elles se tuent ! Séparez-les, ces guenons ! » dirent plusieurs voix.

Les cris venaient d'un lavoir établi rue de la Goutte-d'Or. Je décidai d'entrer. Ce lavoir était un immense hangar. Une machine à vapeur faisait chauffer l'eau qui dégageait de la buée. À l'étage, il y avait un séchoir où pendaient des draps. Près du bassin central, deux femmes se tiraient les cheveux, roulaient par terre au milieu des baquets de linge et des seaux d'eau, se frappaient à coups de battoir. On finit par les séparer. Une des femmes, qui s'appelait Gervaise, se releva. Boitant dans ses sabots, elle gagna la porte.

« C'est deux heures, ça fait deux sous », la retint la propriétaire du lavoir.

Je demandais à une femme ce qui s'était passé.

la butte Montmartre : colline au sommet de laquelle la basilique du Sacré-Cœur a été construite en 1876

un lavoir : lieu où l'on venait laver le linge

un baquet : grand récipient dans lequel on faisait tremper la lessive

« Une drôle d'histoire, mon bon Monsieur, m'expliqua-t-elle. La dame qui vient de partir s'appelle Gervaise Macquart. Elle a eu bien du malheur. Son père la battait tellement qu'elle est devenue

bancal :
boiteux

bancale. C'est pour ça qu'on l'appelle la Banban. Son mari l'a abandonnée. Pour nourrir ses deux enfants, elle est devenue blanchisseuse. Elle a rencontré un brave garçon nommé Coupeau. Il était couvreur. Un jour, il est tombé d'un toit ; il est devenu infirme. Il ne pouvait plus travailler. Il s'est mis à boire. Gervaise s'est battue parce que la Virginie, qui n'est pas bonne, s'est moquée d'elle et de son ivrogne de mari.

– Où habite Gervaise ? demandai-je.

– Tout près d'ici. Elle a un petit magasin de blanchisserie. Elle repasse le linge qu'elle a lavé dans ce lavoir. Et si vous voulez rencontrer son homme, Coupeau, allez au bar de l'Assommoir ! »

La blanchisserie de Gervaise était un joli magasin peint en bleu. Des gens causaient sur les seuils des portes. Plus bas, une rue passante retentissait

cahoter :
être secoué par les
inégalités du sol

affalé :
lourdement appuyé

ivre :
saoul

du vacarme des voitures dont les roues de bois et de fer cahotaient dans les trous des gros pavés. Au coin de la rue, je trouvai l'Assommoir. C'était un café aux vitres sales. À l'intérieur, affalés contre le comptoir, des hommes étaient ivres. Un nommé Bec Salé, dit Boit-sans-soif, s'adressait

à son voisin en lui tendant un verre d'eau-de-vie :
« Prends-en encore un, Coupeau ! »
Ce tord-boyaux provenait d'un énorme appareil
de cuivre, un alambic aux étranges tuyaux d'où
sortait de l'alcool goutte à goutte.
Trois ans plus tard, j'appris que Coupeau était
mort d'une cirrhose. Sa femme, qui s'était mise
aussi à boire, termina ses jours dans une niche,
sous un escalier, oubliée de tous.
Je décidai d'écrire un livre sur ce drame. Ce fut
L'Assommoir.

un tord-boyaux :
alcool de mauvaise
qualité
(langage familier)

un alambic :
appareil qui sert à
distiller de l'alcool

une cirrhose :
maladie du foie
due à l'alcoolisme

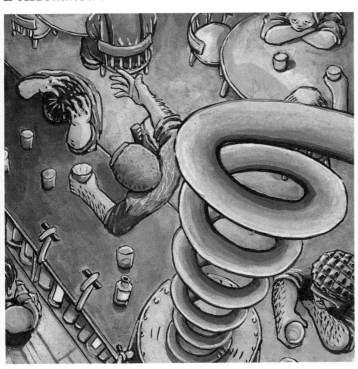

Au fond de la mine

une grève :
arrêt du travail pour
protester

Dans les années 1875-1880, il y eut dans toute la France une série de grèves des ouvriers. Ils protestaient contre leurs journées de travail de plus de douze heures, six jours par semaine. Une loi de 1874 avait interdit le travail des enfants de moins de treize ans dans les usines. Mais de nombreux jeunes continuaient à trimer dans des conditions effroyables. J'ai voulu enquêter. Un jour de février 1884, j'ai pris le train à la gare du Nord à Paris. Je suis arrivé à Anzin, au cœur du pays des mines de charbon. Il faisait gris et froid.

trimer :
travailler très dur
(langage familier)

« Bonjour, monsieur Zola », me fit la personne qui m'attendait à l'arrivée. C'était Alfred Giard, un des patrons de la mine, qui m'accueillait. Il prit mes valises. « Auprès des ouvriers, je vous présenterai comme mon secrétaire. Vous pourrez visiter tout ce que vous voudrez. »

Il me fit monter dans une calèche. Le cheval partit au petit trot sur une route plate qui coupait tout droit à travers les champs de betteraves. Au bout de dix kilomètres, j'aperçus une cheminée d'une incroyable hauteur et un immense bâtiment. Sur le côté s'élevait une pyramide de charbon d'où s'échappaient des fumées. C'était un terril. Nous étions arrivés.

un terril :
monticule constitué
des matières
inutilisables
extraites de la mine

Je visitai les bureaux de la direction, puis je demandai à être seul pour me rendre au village des mineurs, que l'on appelle ici un coron.

un coron:
groupe de maisons de mineurs toutes identiques

À l'entrée du village, je croisai un vieillard vêtu d'un gros tricot de laine. En fait, j'appris qu'il avait à peine quarante ans. Il crachait noir de temps en temps.
« La poussière du charbon, m'expliqua-t-il. La vie ici n'est pas facile. On n'a pas de la viande tous les jours. Si on avait du pain seulement ! »
Il me proposa de me montrer où il vivait. Le long de la rue, toutes les maisons se ressemblaient.

Nous fîmes halte devant l'une d'elles. À l'entrée, un baquet recueillait l'eau de pluie pour la lessive. Dedans, le sol dallé était propre.

« Ma femme fait bien le ménage, me dit l'homme. À cette heure, elle est partie chercher du charbon pour nous chauffer. La compagnie nous donne le charbon de mauvaise qualité, celui qu'elle ne peut vendre. Il fume dans la cheminée. »

Je regardai le pauvre mobilier, une table, des chaises, une armoire et un coucou. Je remerciai mon hôte et partis.

un coucou :
pendule de bois qui imite le chant du coucou quand elle sonne

un hôte :
personne qui reçoit un invité

M. Giard me proposa de descendre au fond d'un puits de mine. Malgré mes cent dix kilos, j'acceptai. Il me donna rendez-vous pour le lendemain, à quatre heures du matin.

« Nous ferons comme les mineurs », me dit-il.

Dans la nuit glacée, nous nous retrouvâmes devant le puits. Des cages grillagées, chargées d'hommes, montaient et descendaient, retenues par des câbles. Je suivis mon guide dans l'une d'elles, pas rassuré du tout. Il y eut une secousse et tout dévala à toute allure dans l'obscurité.

dévaler :
descendre

« Nous descendons de cinq cents mètres », me dit M. Giard.

« Tenez ! Nous arrivons », me dit-il au bout d'un temps qui me parut interminable.

Nous sortîmes enfin de la sinistre cage. Nous nous

trouvions dans une salle creusée à même le roc. Un mineur nous donna des lanternes et nous nous engageâmes dans une interminable galerie étroite. Je marchai derrière mon guide. L'eau suintait de partout à grosses gouttes. Des courants d'air froid s'engouffraient dans la galerie.

suinter : s'écouler goutte à goutte

« Ouille ! » m'écriai-je. Je venais de me heurter le front contre une poutre de bois.

Nous prîmes une nouvelle galerie qui s'enfonçait plus profond. Il n'y avait plus de vent. La chaleur devenait suffocante. Nous étions arrivés près de la taille, où le charbon affleurait. Les mineurs s'activaient déjà à grands coups de pioche contre la veine. Dans toute cette poussière, j'étouffais. Je demandais à mon guide de remonter.

suffocant : étouffant, rendant la respiration difficile

une veine : filon de charbon

Sur le chemin du retour, dans une galerie, je vis un pauvre cheval qui tirait péniblement un train de wagonnets emplis de charbon.

« Il est aveugle, me dit M. Giard. Il a perdu la vue à force de rester dans l'obscurité au fond de la mine. »

Le livre que j'ai écrit sur les mineurs, je l'ai appelé *Germinal*. J'y ai montré la révolution en « germe ». Il est sorti en 1885, l'année de la mort de Victor Hugo. Pour fêter le succès du livre, je me suis offert un énorme plateau de fruits de mer avec un homard et des huîtres.

La vie des paysans

À Médan, j'allais chaque jour me promener dans les champs avec mon chien Bertrand, que j'adorais. J'observais les paysans travailler. C'est comme cela que j'ai pensé écrire un livre sur leur vie. Un beau jour de 1887, j'ai donc loué une chambre dans une ferme. Elle était composée d'une grande maison, d'une étable pour les vaches, d'une bergerie pour les moutons, et d'une grange pour abriter les récoltes. Dans la grande cour carrée, il y avait une fosse à fumier. Quand j'arrivai, une jeune fille, assise sur un banc de pierre, gardait des poules qui picoraient. Elle se leva aussitôt.

picorer :
prendre la nourriture avec le bec

« Maman, maman ! Le monsieur est là. »

Sa mère sortit de la maison.

« Bonjour, monsieur Zola. Venez. Suivez-moi. Je vais vous préparer une omelette et une poêlée de volaille. »

une poêlée : des aliments cuits à la poêle

Elle s'adressa à sa fille :

« Dépêche-toi ! Va me chercher de l'eau au puits ! »

J'entrai dans la cuisine au sol de terre battue. Les plats étaient excellents, je me suis régalé. Le soir, j'eus droit à un repas plus simple, du lard, de la viande et des choux. J'étais assis à une grande table avec les hommes. Les femmes restaient debout dans un coin, sans rien dire.

Le lendemain, dès cinq heures du matin, un coq sonna le réveil. Je me levai, me passai un coup d'eau rapide sur le visage. Le fermier m'attendait pour me conduire aux champs. Nous étions en septembre, le temps des semailles. Je passai deux heures à regarder mon hôte travailler. Il tenait de la main gauche un sac de toile bleue plein de grain. De la main droite, tous les trois pas, il prenait une poignée de blé. D'un geste, à la volée, il la jetait sur la terre. Derrière, un cheval mené par un charretier tirait un gros rouleau qui enfouissait les grains.

semailles : travaux agricoles au cours desquels on sème le grain

enfouir : enterrer

« Dia ! Hue ! Hep ! » criait le charretier pour faire avancer l'animal.

Le samedi suivant, c'était jour de marché. Les

encombré :
embouteillé

sacrée rosse ! :
animal méchant
(langage familier)

buter :
perdre l'équilibre

**marché
aux bestiaux :**
marché où l'on
vend les animaux
de la ferme

faire mine :
faire semblant

routes qui menaient au village étaient encombrées de carrioles. Une fillette tirait avec une corde une vache marron et blanc. Soudain, il y eut un bruit de course. C'était la vache qui s'était mise au galop. La fillette essayait de la retenir :

« Sacrée rosse ! Arrête-toi, lui disait-elle.

– Lâche-la donc ! » hurla quelqu'un.

La fillette n'en faisait rien. Elle buta sur une pierre, tomba et fut traînée par la vache qui courait de plus belle. Un paysan comprit que la corde s'était nouée au poignet de la fillette. Il sauta à travers champ et finit par arrêter la bête.

Soulagé, je continuai mon chemin jusqu'à l'église du village dont la cloche sonnait. J'y entrai. Les hommes étaient assis sur les bancs de gauche, les femmes à droite. En ressortant, je suivis la rue Grande où des paysannes vêtues de tabliers vendaient des légumes et des fruits. Je me dirigeai vers le marché aux bestiaux.

« Combien ? demandait un homme à grande blouse bleue en désignant trois beaux cochons.

– Quatre cents francs, répondit la paysanne.

– En veux-tu deux cents ? demanda l'homme.

– Non, trois cents. »

L'homme fit mine de s'éloigner.

« Va pour deux cent cinquante francs ! Mais j'y perds », s'écria la vendeuse. Et l'achat fut conclu.

L'Affaire

J'ai fini d'écrire tous les romans de ma série *Les Rougon-Macquart*. J'en profite pour faire de longues balades à bicyclette. Je joue aux boules avec ma femme, avec Jeanne mon amie et mes deux enfants, Denise et Jacques. Je me passionne pour la photographie.

Mais un soir, un ami me fait part d'une horrible erreur judiciaire. Un honnête officier, Alfred Dreyfus, a été injustement condamné. Et l'armée refuse de reconnaître son erreur. Je prends alors ma plume pour écrire une lettre au président de la République. Je la fais publier dans le journal de Clemenceau, *L'Aurore,* le 13 janvier 1898. La voici :

une erreur judiciaire : le fait qu'un innocent soit condamné

Lettre à Monsieur Félix Faure président de la République

J'accuse le lieutenant-colonel du Paty de Clam d'avoir été l'ouvrier diabolique d'une erreur judiciaire.

J'accuse le général Billot d'avoir eu entre les mains les preuves certaines de l'innocence de Dreyfus et de les avoir étouffées [...]

Qu'on ose me traduire en cour d'Assises et que l'enquête ait lieu au grand jour !

J'attends.

Émile Zola

Félix Faure : président de la République française (1841-1899)

l'ouvrier diabolique : l'acteur inquiétant

étouffer : cacher, dissimuler

la cour d'Assises : le tribunal qui juge les crimes

Je vais vous expliquer le détail de cette histoire. En décembre 1894, un capitaine juif est arrêté. Il s'appelle Alfred Dreyfus. L'armée lui reproche d'avoir été un espion au service de l'Allemagne. On a retrouvé dans la corbeille d'un responsable militaire allemand un papier annonçant la livraison, par un traître, de documents secrets français. L'officier qui s'occupe de l'enquête n'aime pas les juifs, en particulier le capitaine Dreyfus. Il regarde l'écriture du document et trouve qu'elle ressemble à celle de Dreyfus. Celui-ci est enfermé dans une prison et jugé coupable. Sans la moindre preuve. Son épée de capitaine est brisée, ses insignes arrachés. La foule crie « Mort au juif, mort au traître ». Il est déporté au bagne de l'île du Diable, en Guyane.

En novembre 1897, j'apprends, par le commandant Georges Picquart, que les accusations ne reposent sur rien. Le vrai coupable est un nommé Esterhazy que l'État-Major protège. De fausses preuves ont été fabriquées de toutes pièces pour accuser Dreyfus.

« C'est un scandale, une honte, m'écriai-je. L'opinion est contre les juifs. Je vais me battre. La vérité est en marche, rien ne l'arrêtera. »

À partir de ce moment, j'ai été plusieurs fois agressé dans la rue par des jeunes gens qui me criaient :

---

juif :
personne qui a le judaïsme pour religion

les insignes :
les marques du statut d'officier cousues sur l'uniforme militaire

la Guyane :
département français situé au nord de l'Amérique du Sud dans lequel un bagne où l'on envoyait les prisonniers avait été établi

agressé :
attaqué violemment

« Vive l'armée ! » « Mort aux juifs ! » « Mort à Zola ! »
Je suis passé en procès. J'ai dit aux juges :
« Dreyfus est innocent, je le jure. J'y engage ma vie, j'y engage mon honneur. »
Mais les juges ont refusé d'admettre que des officiers aient accusé un innocent. Ils ne voulaient pas porter atteinte au prestige des militaires. J'ai été condamné. On voulait me jeter en prison. Je suis allé me cacher en Angleterre en juillet 1898. Je ne parlais pas un mot d'anglais !
Par bonheur, des personnalités se sont engagées dans la bataille. Jean Jaurès, Clemenceau, l'écrivain Anatole France se sont battus à mes côtés. Des preuves ont été révélées, qui démontaient la machination de plusieurs officiers, notamment le colonel Henry. Enfin, Dreyfus fut autorisé à revenir de l'île du Diable. Je suis rentré à Paris en juin 1899. Un innocent était sauvé.

Émile Zola est mort deux ans plus tard, le 29 septembre 1902. Il faisait froid. Zola avait allumé du feu dans la cheminée de sa chambre. Un ouvrier qui ne lui avait pas pardonné d'avoir défendu Dreyfus avait bouché le conduit de cheminée. Dans la nuit, Zola périt asphyxié. Le matin, l'ouvrier débouchait la cheminée. La justice conclut à un décès accidentel.

le prestige :
l'influence et la grandeur

une personnalité :
une personne célèbre, de premier plan

une machination :
un complot, les actions secrètes

être asphyxié :
mourir par manque d'air

Alain Dag'Naud

Une bombe à l'Exposition universelle

tic
tac

tic
tac

Illustré par Bruno Gibert

1900
Inauguration du métro parisien
1896
Premier envol d'un avion par Clément Ader
1894
Invention du cinéma par les frères Lumière
1889
Inauguration de la tour Eiffel
1886
Première voiture à essence
1881
Découverte du vaccin contre la rage par Louis Pasteur

1814   **1878**
Première   Invention de l'ampoule électrique par Thomas Edison
locomotive
à vapeur par   **1876**
George   Invention du téléphone par Graham Bell
Stephenson   **1869**
Première bicyclette à pédalier

1810   1820   1830   1840   1850   1860   1870   1880   1890

Le papier mystérieux

« Regarde, Blandin, ce que j'ai trouvé ! »
Margot, tout excitée par sa découverte, brandit
une sacoche en vieux cuir marron.

une sacoche :
un gros sac de cuir

« Sans doute quelqu'un aura-t-il oublié son porte-
documents, répond le jeune garçon. Voyons s'il y
a le nom du propriétaire. »
Le fermoir de cuivre s'ouvre facilement. À l'intérieur, que des liasses de feuilles.

le fermoir :
petite attache qui
sert à garder fermé
un sac

« Tu as vu ? s'écrie Margot. Ce sont des prospectus ! »
Ils portent tous le même texte imprimé :

des liasses :
des paquets
attachés ensemble

« Vive l'anarchie ! Mort aux riches ! À bas l'État
et les lois ! Vive la révolution ! »
Tous, sauf un. Sur une feuille quadrillée, une personne a écrit à la plume :

un prospectus :
une publicité

l'anarchie :
système politique
sans État où
l'individu vivrait
sans contraintes

« C'est pour le 10 novembre. À quinze heures.
La bombe sautera là où vous savez. Le symbole
du progrès et de la science sera pulvérisé. L'obscurité retombera sur ce monde. On se souviendra
du 10 novembre 1900. »

le symbole :
ce qui représente
quelque chose
d'abstrait

un attentat :
action violente,
comme l'explosion
d'une bombe,
menée pour des
raisons politiques

à toutes jambes :
en courant le plus
vite possible

Blandin est tout pâle :

« Il se prépare un attentat à l'Exposition universelle de Paris. Nous sommes le 9 novembre. Il est dix heures du matin. Il reste un jour et cinq heures pour empêcher ça ! ».

Blandin a à peine fini de parler qu'un individu bouscule violemment les deux enfants. Il leur arrache les papiers des mains, et disparaît à toutes jambes dans la foule.

« Tu as eu le temps de le voir ? demande Blandin.

– Il portait un vieil imperméable et une casquette grise. J'ai remarqué qu'il avait des lunettes, mais c'est tout ! » répond Margot qui ajoute :

« Nous avons conservé la sacoche. Il faut prévenir le directeur de l'exposition. »

Prévenir un responsable

À douze ans, Margot est bien jolie, avec sa longue robe rose qui lui descend jusqu'aux pieds. Sa mère lui a confectionné un large chapeau à fleurs. Il met en valeur son visage en amande et ses grands yeux noirs. Blandin est un beau garçon de treize ans, plutôt petit mais robuste. Il porte un pantalon de coton qui lui arrive sous les genoux, comme c'est la mode pour les jeunes. Ses grands yeux bleus sont d'habitude rieurs. Mais là, Blandin est inquiet.

Nos deux amis se présentent à l'entrée principale de l'exposition. L'accès est exceptionnellement gratuit toute la semaine, jusqu'au 11 novembre. De chaque côté de l'arche d'entrée, des tours s'élèvent jusqu'à quarante mètres, plus de treize étages. Une statue de femme surmonte le sommet de l'arche. Elle représente la ville de Paris. Blandin et Margot se dirigent vers l'un des trente-deux guichets qui laissent passer aujourd'hui sans contrôle le flot des visiteurs.

Margot s'adresse à un gardien :

« Nous voulons voir le responsable de l'exposition. C'est urgent.

– Monsieur Picard ? Vous le trouverez, je pense, au premier étage de la tour Eiffel, répond le gardien. Il montre les emplacements des attractions à des personnalités étrangères. »

confectionner : fabriquer

robuste : vigoureux

une arche : entrée en forme de voûte

le flot : une masse de personnes

une attraction : un spectacle, un divertissement pour le public

Sur la tour Eiffel

Gustave Eiffel :
ingénieur français
spécialiste
des constructions
métalliques
(1832-1923)

Margot et Blandin se précipitent vers la tour de fer. Elle a été construite par l'ingénieur Gustave Eiffel il y a onze ans ; c'était pour l'exposition universelle de 1889. Elle est haute de trois cents mètres. Elle vient d'être repeinte en jaune pour mieux refléter les rayons du soleil. Il y a foule devant les tout nouveaux ascenseurs. Une magnifique invention.

« Évitons la queue. Allons-y à pied ! » s'écrie Blandin.

le vertige :
peur que l'on ressent
au-dessus du vide

Ils grimpent les escaliers quatre à quatre au milieu des poutrelles. Margot a un peu le vertige, mais elle ne dit rien. Ils parviennent enfin, tout essoufflés, au premier étage.

« Monsieur Picard ? C'est la personne avec un pardessus noir, une barbe et un chapeau haut de forme, explique un surveillant. Il en aura bientôt fini avec ses visiteurs. Attendez-le ici. »

une rambarde :
rampe qui sert de
garde-fou

contempler :
regarder longuement

édifié :
construit

Nos amis se dirigent vers la rambarde. À leurs pieds, ils contemplent, émerveillés, l'ensemble de l'exposition. Tout le long de la Seine, de magnifiques bâtiments, souvent des palais, ont été édifiés par plus de quarante pays du monde entier. D'immenses édifices de fer et de verre abritent les inventions nouvelles comme le cinématographe des frères Lumière, les premiers postes de

les frères Lumière :
Auguste (1862-1954)
et Louis (1864-1948),
inventeurs du premier
appareil de prises
de vue

radio imaginés par l'Italien Marconi, les automobiles, des locomotives et d'énormes machines à vapeur. Sur le fleuve, des bateaux à vapeur transportent les visiteurs.

« Vous voyez, mes enfants, leur explique le surveillant qui les a rejoints. Se trouve réuni ici tout le génie de notre époque. C'est le règne du progrès. Mais voici M. Picard. »

Marconi :
physicien et
inventeur italien
(1874-1937)

le génie :
l'ensemble des
connaissances

le règne :
la domination

Absence de preuves

« Que voulez-vous, mes enfants ? » demande Alfred Picard.

Blandin prend la parole :

« Nous avons trouvé cette sacoche. Dedans, il y avait des papiers pour la révolution. Il était question, je crois, d'anarchie. Mais plus grave, une feuille annonçait un attentat dans l'exposition.

– Montrez-moi cette feuille, demande le directeur.

– Elle nous a été volée !

– Vous n'avez donc aucune preuve. Mais je veux bien vous croire, hélas ! Les anarchistes ont déjà fait exploser des bombes avec de la dynamite, une nouvelle invention. Ils ont même assassiné le président de la République Sadi Carnot en 1894. Ils sont capables de tout. »

Margot ajoute :

« Si je me souviens bien, il était question de faire sauter un symbole du progrès. »

M. Picard réfléchit un instant.

« Suivez-moi ! »

emprunter :
prendre

vertigineux :
très rapide

Tous les trois empruntent l'ascenseur qui descend à une allure vertigineuse. Ils se dirigent à larges enjambées vers les bureaux de l'administration. Ils entrent dans une grande pièce aux murs couverts de bois d'acajou. M. Picard

fait asseoir nos amis. Il s'installe à son bureau :
« Je ne peux demander aux gardiens de surveiller les moindres recoins de l'exposition, dit-il. Ils finiraient par le dire aux visiteurs et ce serait la panique. Vous avez entrevu le terroriste. Vous seuls pouvez le reconnaître. Je vais vous rédiger un laissez-passer pour aller partout où vous voulez. Je préviendrai vos parents que vous resterez à l'exposition jusqu'à demain. Je demande au chef de la sécurité de vous accompagner. »
Alfred Picard s'adresse à une jeune femme :
« Appelez tout de suite M. Mabire. »
Gustave Mabire a tôt fait de se présenter. C'est un homme élégant, âgé de trente ans environ, grand et mince. M. Picard lui explique la situation. Il conclut :
« Je préviens le préfet de police. Il faut trouver cet engin au plus vite ! »

la panique :
violente peur que l'on ne peut contrôler

un terroriste :
personne qui commet un attentat

un laissez-passer :
un document qui donne l'autorisation de se déplacer où l'on veut

Aux pavillons du monde

Il est midi. Gustave Mabire propose à Blandin et Margot d'explorer d'abord les pavillons étrangers. Quarante pays sont représentés : la Russie, la Chine, le Canada et tant d'autres. C'est incroyable.

« Il y a même, explique M. Mabire, un village suisse un peu en dehors de l'exposition. Il reproduit des chalets et des paysages de montagne avec une cascade haute de 35 mètres.

– Regarde, Margot ! s'exclame Blandin. Nous voici au palais égyptien. Vois toutes ces dorures ! Et ces hommes en costume local qui fument le narguilé ! Et ce bazar où l'on vend des plats de cuivre et des bijoux !

un narguilé : grande pipe à tuyau souple relié à un réservoir d'eau aromatisée utilisée en Orient

un bazar : marché couvert dans les pays d'Orient

– Je m'achèterais bien ce collier ! » s'exclame Margot.

Mais il faut faire vite. Les pavillons s'étendent sur plusieurs kilomètres. Au palais de la Tunisie, les trois compagnons voient une mosquée. Et des potiers devant une maison arabe. Dans la rue consacrée aux colonies africaines, ils découvrent la maison de la Guinée où des paillotes ont été reconstituées. Des orfèvres et des tisserands y travaillent.

« Nous voici maintenant en Asie ! » s'étonne Margot. Au pavillon de l'Indochine, une superbe pagode est gardée par des soldats tonkinois. Et puis c'est l'Inde.

« Je vous invite à y faire halte, propose M. Mabire. Nous mangerons et boirons du thé. C'est une nouvelle boisson ! »

Après s'être installé, Blandin avise un charmeur de serpent :

« Mais c'est un cobra ! Vous êtes certain, monsieur, qu'il ne va pas venir nous piquer ?

– Pas de danger, répond Gustave Mabire, cet hindou est un fakir. Il ne quitte pas des yeux son serpent à lunettes. Il l'hypnotise !

– Le poulet au curry était bon, remarque Margot.

– Mais il va être trois heures. Et nous n'avons toujours pas trouvé notre homme. »

une mosquée : édifice consacré au culte musulman

une colonie : territoire occupé par un autre pays dont il dépend

une paillote : hutte de paille

un tisserand : ouvrier qui fabrique du tissu

Tonkinois : du Tonkin, ancien protectorat français au nord du Vietnam

aviser : apercevoir

un fakir : personne qui effectue des tours de magie

curry : mélange d'épices de couleur jaune à base de piment

À Paris au Moyen Âge

« Je vous emmène de l'autre côté de la Seine, propose M. Mabire. On y a reconstitué le Paris du Moyen Âge. Le poseur de bombe s'y cache peut-être en attendant demain. »

Le chef de la sécurité conduit nos deux amis à un incroyable trottoir roulant long de plus de trois kilomètres. Ce trottoir transporte les gens rapidement, à sept mètres au-dessus du sol. C'est la grande attraction de l'exposition. Margot et Blandin s'en amusent beaucoup.

Puis ils traversent la Seine sur un nouveau pont magnifique, le pont Alexandre III, tout orné de sculptures. Il porte le nom du tsar de Russie avec lequel la France entretient d'excellentes relations.

Face à eux, se dressent des maisons sur pilotis, des tours, des donjons du Moyen Âge. Ils ont été construits spécialement pour l'exposition. Quand ils entrent dans cette reconstitution du vieux Paris, Blandin et Margot sont tellement étonnés qu'ils en oublient leur mission :

« As-tu vu ces jongleurs en habits d'époque ? demande Margot.

– Et ce chanteur vêtu comme un troubadour ! réplique Blandin.

– Et toutes ces tavernes ! Et ces échoppes avec

le tsar : titre porté par les empereurs de Russie

des pilotis : gros pieux enfoncés dans le sol pour soutenir une construction

un donjon : la plus haute tour d'un château fort qui était le dernier refuge en cas d'attaque

un troubadour : poète au Moyen Âge qui chantait en langue d'oc

leurs étals où sont exposés des broderies et des objets d'autrefois ! ajoute Margot.

– Si nous avions le temps, nous irions voir un tournoi, dit M. Mabire. Mais le jour commence à tomber et nous devons retrouver l'individu qui s'apprête à commettre un crime affreux. »

Nos amis arpentent les ruelles médiévales. Bientôt, sept heures sonnent à un clocher. Et toujours rien !

un étal : planche posée sur des tréteaux où l'on expose les marchandises à vendre

un tournoi : fête pendant laquelle les chevaliers combattaient à cheval

arpenter : parcourir en tous sens

111

En métro

« Nous allons maintenant nous rendre au Grand Palais et au Petit Palais, propose le chef de la sécurité. Nos peintres célèbres y sont exposés. » Les couloirs sont à peu près vides à cette heure tardive. Nos amis comprennent vite que l'ennemi mystérieux n'est pas là.

« Inutile de continuer ce soir. Nous reprendrons nos recherches demain matin, propose M. Mabire. Pour être plus vite à pied d'œuvre, nous allons loger au *Pot de fer*, un petit hôtel des environs. »

Le lendemain, à sept heures, tout le monde est prêt.

« Vous savez, mes enfants, qu'en plus de l'Exposition universelle, ont lieu actuellement les Jeux Olympiques, explique M. Mabire. Les épreuves se déroulent à Vincennes, à l'est de Paris. Peut-être notre homme prépare-t-il là-bas son attentat. Allons-y en métro !

– Qu'est-ce que c'est ? demandent en chœur Margot et Blandin.

– Un tout nouveau moyen de transport dans la capitale, explique leur guide. Il a été inauguré le 19 juillet de cette année. Il permet de traverser Paris sous terre d'est en ouest à toute vitesse. Il va nous mener rapidement à Vincennes. »

Le train se présente en station dans un bruit de ferraille. Tout à coup, Margot se sent poussée vers les rails. Blandin, heureusement, a juste le temps de la retenir avant qu'elle ne tombe. La voiture de tête la frôle.

« Que s'est-il passé ? demande M. Mabire.

– On a voulu me pousser sur la voie », répond Margot.

Mais il y a trop de monde sur le quai pour repérer le coupable. Le train s'arrête. M. Mabire lève le loquet de cuivre. La porte s'ouvre. Nos trois amis montent dans le wagon et s'asseyent sur une banquette de bois.

un loquet : système de fermeture de porte

ouvrir l'œil : être vigilant

« Ouvrons l'œil et soyons prudents », recommande le chef de la sécurité.

Aux Jeux olympiques de 1900

Huit heures du matin. Ils arrivent à Vincennes. Margot, courageuse, a repris ses esprits.

« Vous avez vu le programme ? demande-t-elle. Il y a des épreuves de gymnastique, d'autres d'athlétisme. Il existe même des concours de jeux de boules, de cerf-volant.

reprendre ses esprits : se remettre d'une forte émotion

– Sont annoncés aussi des lâchers de pigeons, ajoute Blandin. Les pigeons doivent aller à Lyon et revenir au plus vite !

– Et des concours de ballons volants. Celui qui ira le plus loin sera le vainqueur », précise Gustave Mabire qui ajoute :

« Un ballon parti le jour de l'inauguration, le 14 avril 1900, s'est posé en Russie !

– Les premières épreuves sont des courses de bicyclettes. Allons-y ! » propose Blandin. Il adore ces drôles d'engins à pédales dont les roues sont entourées de pneus, une invention de Dunlop.

« Vous verrez, ajoute-t-il, que bientôt, on fera le Tour de France en vélo. »

le Tour de France : la 1ère édition se déroulera en 1903

Mais les spectateurs s'agglutinent déjà sur le bord de la piste.

s'agglutiner : se presser en rangs serrés

« Je crois qu'il y a trop de monde ici, remarque Margot. Autant chercher une aiguille dans une botte de foin.

chercher une aiguille dans une botte de foin : expression employée pour dire que ce que l'on cherche est très difficile à trouver

– Tu as raison, note M. Mabire. Regagnons Paris au plus vite ! »

De surprise en surprise

À neuf heures, nos trois amis ont rejoint le site de l'Exposition universelle. Ils sont aussitôt reçus par M. Picard. Le préfet de police et deux inspecteurs sont debout près de lui. M. Mabire explique l'agression du métro.

Le préfet prend la parole :

« Si l'homme que vous cherchez a persisté à vous suivre, nous pourrons peut-être le repérer. »

Il se tourne vers les enfants :

« Voilà ce que nous allons faire. Mes deux inspecteurs vont vous suivre discrètement. S'ils remarquent un individu qui vous file, nous lui tendrons un piège. Pour ne pas éveiller ses soupçons, M. Mabire continuera à vous accompagner. »

Blandin, Margot et leur guide sortent du bureau d'Alfred Picard à neuf heures trente. À dix heures, ils pénètrent dans le palais de l'optique où ils découvrent une gigantesque lunette astronomique. Elle est longue de soixante mètres et peut grossir dix mille fois les étoiles. À dix heures et demie, ils visitent l'aquarium géant, le plus vaste au monde. Une galerie souterraine bordée de glaces permet d'admirer d'incroyables poissons et même des requins. À onze heures et quart, ils sont dans la salle du cinématographe des frères Lumière.

discrètement :
sans attirer
l'attention

filer :
suivre une personne
pour la surveiller

l'optique :
ce qui se rapporte
à la vision

une lunette
astronomique :
instrument qui
permet d'observer
les étoiles

« J'aimerais bien rester voir ce spectacle sur grand écran », dit Margot.

Mais il faut continuer. Au Maréorama, ils montent sur un faux bateau qui imite les mouvements de tangage.

« Ça me donne le mal de mer », dit Blandin.

le tangage : mouvement d'un bateau d'avant en arrière

À midi, les voilà au palais des Illusions. Des glaces partout et des jeux de lumières renvoient un décor fabuleux des mille et une nuits. Mais nos amis n'y restent pas, car une agression y serait facilement commise.

De drôles de bolides

« Si on montait dans la grande roue ? s'exclame Margot en voyant tourner des nacelles jusqu'à plus de cent mètres de haut.

– Il est midi et demi. Il nous reste moins de trois heures pour trouver et désamorcer la bombe, objecte M. Mabire. Pour dénicher notre anarchiste, il vaut mieux nous rendre au palais de l'automobile.

– Bonne idée ! » s'écrie Blandin qui rêve de monter dans une voiture.

La salle est immense. Plus de deux cents modèles sont exposés. Blandin grimpe aussitôt dans une Peugeot à deux places. Il adore le marchepied et la capote repliable. Margot préfère une Panhard-Levassor qui vient de gagner une course automobile à la vitesse incroyable de 25 km/h.

Les deux policiers en civil font mine de s'intéresser à une De Dion-Bouton rouge. Les passagers y sont assis en face à face. Nos policiers s'y installent quelques instants. Ils peuvent ainsi observer discrètement les visiteurs.

À une heure trente, nos amis, toujours suivis de leurs gardiens, se dirigent vers le palais des mines et de la métallurgie. Ils s'étonnent en passant devant un immense tonneau de quatre étages. Il a été aménagé par un producteur de vins.

une nacelle : un grand panier en osier où peut prendre place un passager

désamorcer : enlever le détonateur de la bombe pour qu'elle n'explose pas

dénicher : trouver

la métallurgie : l'industrie qui produit les métaux

Puis les voilà devant une énorme sphère de métal.
C'est le pavillon de la famille Schneider, du
Creusot. Blandin et Margot y découvrent sidérés
un gigantesque canon, une locomotive à vapeur,
un marteau-pilon de cent tonnes.

« Je me souviens, s'écrie Margot brusquement.
Sur le papier était écrit qu'ils allaient faire tomber
l'obscurité sur le monde. »

M. Mabire réfléchit tout haut : « Ils vont sans
doute attaquer le palais de l'électricité ! Il est
deux heures et demie. Il nous reste à peine trente
minutes ! »

une sphère :
boule de forme
parfaite

sidéré :
abasourdi, frappé
de stupeur

un marteau-pilon :
appareil très
puissant qui sert
à façonner des
pièces métalliques

La fée électricité

assombri :
couvert

Nos amis se précipitent vers un magnifique palais de fer et de verre. Le ciel s'est assombri sous de lourds nuages menaçants. Le bâtiment s'illumine soudain de mille lumières. Des jets d'eau lumineux jaillissent d'une cascade.

« Cinq mille lampes rouges, bleues et blanches entourent tout l'édifice, explique M. Mabire.

Thomas Edison :
inventeur américain
(1847-1931)

Bientôt, grâce à l'invention de Thomas Edison, les rues des villes seront éclairées à l'électricité et non plus au gaz.

– Le voici. C'est lui ! » Margot vient de reconnaître son agresseur. Il entre dans le palais par

une porte dérobée :
une porte secrète

un porche :
partie couverte
devant une porte

une porte dérobée, sous un porche.

M. Mabire fait signe aux deux policiers qui le rejoignent :

« L'homme est passé là-bas. Suivons-le. »

Tous se précipitent.

« Vous à gauche, et vous à droite, ordonne le surveillant en chef. Nous, nous passons par l'arche centrale. »

un hall :
grande salle à l'entrée d'un bâtiment qui sert de lieu de passage

Ils entrent dans un grand hall, juste à temps pour voir l'homme disparaître au fond.

« Il se dirige vers la salle des machines, là où se fabrique l'électricité. S'il fait sauter le géné-

un générateur :
appareil qui produit
de l'électricité

rateur central, toute l'exposition sera plongée dans le noir. Ce sera la panique ; il y aura des morts », explique M. Mabire.

L'individu est vite repéré. Il est avec un complice. Ils sont penchés sur quelque chose au pied de la machinerie. Sans doute amorcent-ils une bombe de forte puissance. Profitant de l'effet de surprise, les policiers et M. Mabire plaquent au sol les terroristes.

un complice : qui participe avec un autre à un méfait

plaquer : faire tomber et maintenir

« Trop tard ! s'exclame l'un d'eux. Elle explosera dans trois minutes. Et c'en sera fini de vous et de l'exposition. »

Mais Blandin se précipite. Il s'empare de la lourde bombe. Il court à l'extérieur, suivi de Margot. À eux deux, ils balancent l'engin dans la cascade. Il reste quelques secondes avant l'explosion. Ils entendent un curieux « pschitt » et voient de grosses bulles à la surface de l'eau. La bombe a été noyée.

Le soir, Alfred Picard et le préfet de police organisent une fête pour nos héros.

« Qu'est-ce qui vous ferait plaisir ? » leur demande M. Picard.

Les yeux de Margot et de Blandin s'illuminent.

« Monter dans la grande roue, répond Margot.

– Faire un tour en automobile, ajoute Blandin.

– Eh bien, quand l'exposition sera fermée, à dix heures ce soir, la roue tournera une fois rien que pour vous. Ensuite, un chauffeur vous conduira à travers Paris dans la voiture de votre choix. »

Paris

Table

Si tu as aimé Le Tour du monde en 80 jours**, tu aimeras aussi :**

Le tour du monde en 80 jours
de Jules Verne
Illustration de couverture : **Manchu**
Livre de poche jeunesse n° **1128**

En 1872, un riche gentleman londonien, Phileas Fogg, parie vingt mille livres qu'il fera le tour du monde en quatre-vingts jours. Accompagné de son valet de chambre, le dévoué Passepartout, il quitte Londres pour une formidable course contre la montre. Au prix de mille aventures, notre héros va s'employer à gagner ce pari.

Si tu as aimé Les aventures de Huckleberry Finn**, tu aimeras aussi :**

Deux graines de cacao
d'Évelyne Brisou-Pellen
Illustration de couverture : **Pierre-Marie Valat**
Livre de poche jeunesse n° **748**

Bretagne, 1819. À l'âge de douze ans, Julien découvre qu'il a été adopté. Bouleversé par cette révélation, il s'enfuit vers Haïti. Son but : partir à la recherche de son histoire… Mais le Prince Sauvage à bord duquel il est monté n'est pas le simple navire marchand qu'il imagine. De nombreux esclaves noirs font eux aussi partie du voyage, tous destinés à être vendus.

Si tu as aimé Émile Zola écrivain-reporter, **tu aimeras aussi :**

La vie galopante d'Alexandre Dumas
de Daniel Zimmermann
Illustration de couverture : **Frédéric Mauve**
Livre de poche jeunesse n° **771**

Alexandre Dumas eut une vie aussi agitée, théâtrale et passionnée que ses personnages de roman. C'est en menant de front la rédaction de ses romans et le combat politique, en parcourant la Terre de long en large, en fondant des journaux ou en publiant ses célèbres feuilletons dans la presse que son génie s'épanouit et que sa légende se construit.

Si tu as aimé Une bombe à l'Exposition universelle, **tu aimeras aussi :**

Les mangeurs de châtaignes
d'Alain Grousset
Illustration de couverture : **Jean-Claude Götting**
Livre de poche jeunesse n° **533**

La vie est rude dans la Creuse en 1849. Antoine doit quitter le pays avec son père pour aller travailler comme maçon sur un chantier parisien. Là-bas aussi, la vie sera dure : apprendre le métier, lutter contre les moqueries des autres ouvriers. Mais par-dessus tout, retrouver avant la police qui le recherche, le frère disparu dans les émeutes de 1848.

Édition : Thierry Amouzou
Fabrication : Nicolas Schott
Illustrations : Christine Circosta, Évelyne Faivre, Jérémie Tohic,
Bruno Gibert
Frises historiques : Laurent Rullier
Photothèque Hachette Livre : pages 69, 99, 102, 105, 107, 108, 111,
113, 114, 117, 119, 122-123
Création de la couverture : Estelle Chandelier
Maquette intérieure : Laurent Carré, Michaël Funck
Réalisation : Créapass, Paris
Photogravure : Nord Compo

Achevé d'imprimer en Février 2022 en Slovaquie par Polygraf
Dépôt légal : Mars 2009 - Collection n° 73 - Édition 19
11/7451/5